AF502776

Le Maraichinage

COUTUME DU PAYS DE MONT (Vendée)

PAR LE

Dr Marcel BAUDOUIN

Ancien Maire de la Barre-de-Mont (Pays de Mont),
Président d'honneur du Comité républicain de Saint-Jean-de-Mont.

AVEC 15 FIGURES DANS LE TEXTE

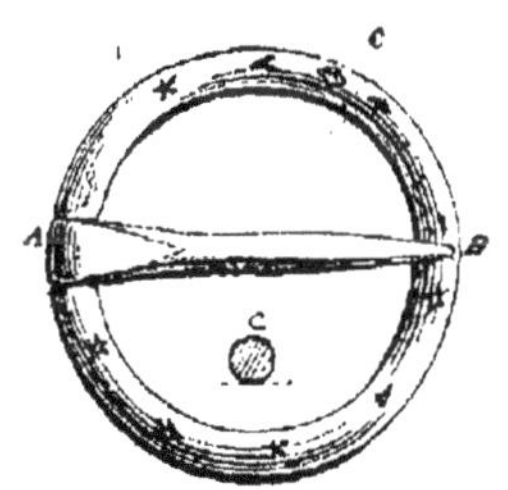

PARIS
A. MALOINE, ÉDITEUR
25-27, rue de l'École-de-Médecine, 25-27

1906

DU MÊME AUTEUR

OUVRAGES RELATIFS A LA VENDÉE

Dr MARCEL BAUDOUIN et GEORGES LACOULOUMÈRE.

Les résultats de la Mission archéologique de 1901 dans la Vendée maritime. — Broch., 1902, in-8o. — Prix : 0 fr. 50.

Le Menhir de la Conche Verte dans les dunes de la Forêt d'Olonne (Vendée). — Broch., Paris, in-8o, 1902, fig. — Prix : 3 fr.

Découverte et mise au jour du Château-fort de Saint-Nicolas-de-Brem (Vendée). — Broch., Paris, in-8o, fig., 1902. — Prix : 4 fr.

Découverte d'une station de silex taillés de l'époque moustérienne au Moulin-Cassé de Saint-Martin-de-Brem (Vendée). — Broch., 1903, in-8o, 2 fig. — Prix : 1 fr.

L'Allée couverte de Pierre Folle à Commequiers (Vendée). — Paris, A.F.A.S., 1903, in-8o, 31 fig. — Prix : 5 fr.

L'époque du bronze dans la Vendée maritime. Découverte de deux cachettes à haches. — Paris, 1903, in-8o, fig. — Prix : 3 fr.

La Grotte du Péage et les Grottes à Puits (Excavations protohistoriques) **d'Apremont** (Vendée). — Paris, 1904, in-8o, 17 fig. — Prix : 3 fr.

Le Cœur vendéen (Bijou populaire ancien). — Paris, 1903, in-16, 2e édition, 31 fig. — Prix : 3 fr.

Le Cœur vendéen (Extr. de la *Revue du Bas-Poitou*). — Paris et Vannes, 1904, in-8o, 11 fig. — Prix : 1 fr.

Les Mégalithes de Bretignolles [Dolmen de Pierre Soubise (fouilles), etc.]. — Paris, Schleicher et Cie, 1904, in-8o, 19 fig., et planches hors texte. — Prix : 5 fr.

Les Menhirs du Plessis au Bernard (Vendée). — Paris, 1904, in-8o, fig. — Prix : 2 fr.

L'Allée couverte de la Pierre Folle du Plessis au Bernard (Vendée). — Paris, 1904, in-8°, fig. — Prix : 3 fr.

Le Préhistorique à Apremont (Vendée). — Broch., 1905, in-8°, fig. — Prix : 4 fr.

Dr MARCEL BAUDOUIN.

L'industrie de la sardine en Vendée. — 1re édition, 1888. — 2e éditition, in-8°, 6 figures et 6 planches hors texte, 1894. — Prix : 5 fr.

La pèche de la sardine en Vendée. La pêche sablaise au commencement du siècle. — In-8°, 1893. — Prix : 1 fr.

Les Auteurs de la Flore de la Vendée : Pontarlier et Marichal. — In-8°, portraits, 1892. — Prix : 2 fr.

Henri-Adolphe Archereau, physicien (1819-1893). — In-8°, portrait, 1894. — Prix : 3 fr.

Les Échouements de Cétacés sur les côtes de Vendée et de la Loire-Inférieure. — In-8°, 1900. — Prix : 1 fr.

Encore un mot sur le Portus Secor. — In-8°, 1901. — Prix : 1 fr.

Le Polissoir ou Pierre à rainures de la Brélaudière à l'Aiguillon-sur-Vie (Vendée). — Paris, in-8°, 1902, fig. — Prix : 3 fr.

Les Côtes de Vendée des Sables-d'Olonne à Bourgneuf, de la période néolithique au Moyen Age. — Paris, A. F. A. S., in-8°, 1902, 4 fig. — Prix : 2 fr.

Les Mégalithes submergés des côtes de Vendée. — Paris, in-8°, 1903, 2 fig., 23 p. — Prix : 2 fr.

Le Mégalithe détruit de Croix-de-Vie (Vendée). — Paris, 1903, in-8°, 1 fig. — Prix : 2 fr.

Le Menhir des Dunes des Chaumes, à Saint-Hilaire-de-Riez (Vendée). — Broch., Paris, 1905, in-8°, fig. — Prix : 3 fr.

Le Maraichinage

Coutume du Pays de Mont (Vendée)

INTRODUCTION

DE LA

TROISIÈME ÉDITION

Les *deux premières éditions de cet opuscule, tirées à un petit nombre d'exemplaires, ont été vite épuisées. Ce succès, rare en médecine, s'explique par l'imprévu du sujet.*

Nous en publions aujourd'hui une troisième, dans laquelle on trouvera un certain nombre d'additions et de remaniements, surtout en ce qui concerne les photographies, représentant des phases caractéristiques de la coutume vendéenne étudiée ici pour la première fois, et absolument ignorée des sociologues, des démographes, et des hygiénistes.

M. le professeur Debove, *doyen de la Faculté de médecine de Paris, ayant bien voulu présenter à l'Académie de Médecine en les termes suivants la seconde édition, nous ne croyons pouvoir mieux faire,* *que de rapporter, en guise d'*Introduction, *les paroles mêmes qu'il a prononcées en cette circonstance... On y reconnaîtra sans peine le style si fin et l'esprit si parisien d'un médecin, qui est un maître en l'art d'écrire!*

« *J'ai l'honneur de présenter à l'Académie un petit ouvrage du Dr Marcel Baudouin, intitulé :* Le Maraichinage, *coutume des Maraichins, c'est-à dire des habitants du Pays de Mont, en Vendée maritime, pays natal de l'auteur. Les mères ne pourront pas recommander à leurs filles la lecture de ce livre; mais il est intéressant pour l'Anthropologiste et l'Hygiéniste.*

« *A toutes les époques et dans tous les temps, les jeunes gens, mus par l'instinct sexuel, ont cherché à se plaire. C'est le premier acte d'une comédie ou d'un drame, suivant les circonstances, dont le dernier sera* l'Accouchement.

« *Chez la plupart des peuples civilisés, dans ce premier acte, on se contente de se regarder et de s'adresser des compliments, imitant le paon qui étale ses belles couleurs, ou le rossignol dont la voix enchante sa femelle... Dans le pays de M. Marcel Baudouin, les jeunes garçons et les filles, afin de se mieux connaître, en présence des parents, en public, en pleine foire, sans aucune honte, pendant des heures entières, pratiquent le* baiser buccal, *qui, grâce à des mouvements de circumduction de la langue, renseigne chacun des partenaires sur la cavité buccale de l'autre, et sur les réactions que peut provoquer son excitation! Le mariage est un concours, dont le* Maraichinage *(tel est le nom donné à cette pratique) serait l'épreuve éliminatoire : épreuve bien insuffisante, l'activité buccale ne permettant de rien préjuger sur le fonctionnement des autres appareils...*

« *Ces mœurs, très spéciales, n'auraient pas d'inconvénients aussi grands qu'on pourrait l'imaginer, car les* enfants illégitimes sont rares *dans le pays ; mais cependant les pratiques sus-mentionnées, du moins la statistique le démontrerait, auraient pour effet d'a*bréger la durée de la première grossesse...

« *Heureusememt, l'usage décrit par M. Marcel Baudouin tend à diminuer. Espérons qu'il disparaîtra complètement, car riche est la flore pathogène de la cavité buccale! La syphilis est rare chez les Maraichins : ce qui tient probablement à ce qu'ils ne « maraichinent » pas avec les gens de la ville!* »

Mon excellent maître, M. le professeur Debove, souhaite la disparition du MARAICHINAGE. *S'il a raison comme hygiéniste, — ce qui n'est pas certain, car le* baiser intrabuccal *n'est peut-être pas aussi dangereux qu'on a voulu le dire! — il serait peut-être plus dans le vrai comme moraliste, car les partisans du mariage ne sont nullement pour l'abréviation de la durée de la première grossesse....*

Vendéen endurci, et Maraichin reconnaissant, voyant encore à l'ouvrage, chaque année, les solides gars et les accortes jeunes filles qui pratiquent cette coutume, je n'ai, en ce qui me concerne, qu'un très vif regret : celui de voir diminuer chaque jour (mais non pas en vertu des lois de l'hygiène et de la morale) une tradition aussi ancienne, qui, « sous l'allure d'un faux libertinage, conserve quelque chose de délicieusement idyllique et une exquise naïveté », et qui, somme toute, a une réelle valeur comme méthode de lutte contre la Dépopulation !

Puisque tout est bien qui finit bien, soyons plus indulgents, en pensant à l'Avenir, en pardonnant à ce qui reste du Présent, et en regrettant un Passé qui — hélas ! — ne reviendra plus.

Marcel BAUDOUIN.

LE MARAICHINAGE

COUTUME DU PAYS DE MONT (Vendée) (1)

CHAPITRE PREMIER

GÉNÉRALITÉS

Et dare anhelanti pugnantibus humida linguis
Oscula.... TIBULLE.

L'Amour, c'est la Vie ! MICHELET.

Étymologie. — Il existe encore, dans le Marais (2) mouillé de la Vendée, dit Marais septentrional ou Marais breton, ou encore Marais de Mont, — de formation récente et post-romaine —,

(1) Communication à la *Société d'Anthropologie de Paris* (Séance du 7 janvier 1904, p. 80-87, tabl.). — *Gaz. méd. de Paris*, 1904, janv.-fév., p. 25, 49 et 61 ; avril, p. 77 (*1re édition*) ; p. 375 et 421 ; 1905, p. 17 et 58.

(2) L'étymologie du mot *Marais* est douteuse ; peut-être est-ce un mot d'origine hollandaise (*Maras*, wallon)? Toutefois, il pourrait bien dériver d'un terme celtique inconnu, car certaines racines sanscrites l'expliquent très bien.

Pour Larousse (Dict. XIXe siècle, t. X, 1873, p. 1116), ce

une coutume très particulière, appelée le *Maraichinage* (1). Elle a reçu cette dénomination, parce qu'elle n'est pratiquée que par les

mot *Marais* dérive peut-être du germanique, car on a *Maerasch* (ancien flamand), *Marsch* (allemand). En italien, Marais se dit *Marese*.

On connaît le vieux français : *Maresc* [du bas latin : *Mariscus*, qui a donné, par *Marescagium* (Ducange), *Marescage* et *Marécage*] ; mais « Marais » ne paraît pas dériver de Maresc.

Peut-être est-ce, en bas latin, *Marescium ou Maresium* [de *mares* ou *mara* (bas latin), étendue d'eau]?

Il faut en rapprocher le terme français *Mare* (de *Mares*, Ducange), et surtout le patois *Marchais* (Marchouâ), provenant du bas latin *Marcha* [*Isla ad Marchas*, île d'Olonne], signifiant « petite étendue d'eau » [Voir notre travail sur le *Menhir de la Conche Verte*], qui ne doit pas dériver lui-même du vieux normand, comme on l'a dit (*Marcam* pour *Morcam*, de *Mor*, mer, en celtique) [*Int. Ch. et Cur.*, 1904, p. 841 et 984 ; 1905, p. 151, 658, 764, 876].

(1) Quelques-uns écrivent *Maraischinage et Maraischin* ; mais je ne crois pas qu'il faille adopter cette orthographe trop *savante*. On écrit d'ailleurs *maraicher* (Littré), et non « maraischer », aujourd'hui du moins.

En tout cas, en Vendée, tout le monde écrit *Maraichin*, sans *s* ; et c'est toujours « Monsieur Tout le Monde » qui, en l'espèce, a raison.

Maraichin d'ailleurs n'est pas formé de deux radicaux : *Marais* et *chin*, pour la bonne raison que *chin* n'est pas un mot à sens spécial. D'après moi, *Maraichin* dérive de *Marescheius* (Ducange), ou *Mareschinius*, c'est-à-dire du radical *Marescha* [qui a donné *Mar-*

habitants de ce marais, qui portent plus spécialement le nom de *Maraichins* (1). Et *Maraichiner*, c'est se livrer au Maraichinage (2).

Cette habitude, extrêmement curieuse, est tout à fait limitée à cette partie du département, et est inconnue dans le reste de la Vendée, comme d'ailleurs dans toute la France. On l'ignore complètement, même dans les autres marais du rivage de l'Atlantique vendéen, qu'on appelle le Grand Marais poitevin et le Petit Marais de la Gachère.

cha], dérivé de *Mares*, marais, et d'un suffixe, *inius* ou *anius*, donnant en roman *in* ou *aing*, *ains*, etc. *Inius* est un suffixe, ou plutôt une terminaison, signifiant parfois « habitant d'une région », et comparable à *on* dans *Berrichon* (Berry), à *at* dans *Auvergnat* (Auvergne), etc.

« Maraichin » est donc un adjectif forgé à la mode latine (mais francisé), comme Poitevin (Poitou), Dominicain (Dominique), etc., etc.

(1) Le mot « *Maraichin* » est connu depuis l'année 1800 au moins. Il est cité dans les mémoires d'un Fontenaysien de la fin du XVIIIe siècle, publiés par Bitton [*Une fin de siècle*, p. 113]. — En fait de *Maraichin*, Littré ne connaissait que le « Bœuf, élevé dans les marais du Poitou »!

(2) *Maraichiner et Maraichinage* ne sont pas des mots du *patois local*. Ils ont été inventés par les bourgeois du crû ; mais ils sont très caractéristiques. — C'est aujourd'hui un mot *officiel* (Voir le texte lui-même de l'arrêté du maire de Saint-Jean-de-Mont, chapitre VII].

Définition. — Elle consiste dans un *accouplement bucco-lingual*, effectué, dans des conditions données, entre un jeune maraichin et une jeune maraichine, à l'âge où l'amour pousse dans le cerveau très neuf de nos alertes et vigoureux compatriotes (1), au moment où les sens s'éveillent.

L'époque de l'année ne joue, bien entendu, aucun rôle en la matière, car, depuis longtemps, la remarque de Beaumarchais est aussi vraie dans nos provinces les plus reculées et de mœurs très primitives que sur les boulevards les plus extérieurs ou intérieurs de Paris !

Il s'agit là d'un baiser de bouche à bouche, accompagné d'introduction de la langue, exécuté *More Columbino*, c'est-à-dire à la manière du « becquetage des colombes ».

D'après nombre de personnes du pays, il s'accompagne presque toujours, en raison de sa prolongation et de sa grande durée, d'une sensation voluptueuse de part et d'autre.

Scientifiquement c'est un *Cataglottisme*

(1) S. Trébucq a dit avec raison : « Ces grands corps charnus, d'apparence robuste, ont pour la danse un entrain, une légèreté, qui contraste avec la lourdeur du paysan ». — Voir aussi : Marcel Baudouin, *le Maraichin de Vendée. Arch. prov. des Sciences*, Paris, 1900, n° V, p. 74-77, 3 *fig*.

ethnique (1) [κατὰ, mouvement de haut en bas ou plutôt simple *augmentatif*; non pas : γλωσσίς ou γλωττὶς, luette, glotte ; mais γλῶσσα et γλῶττα, ῆς (ἡ), langue].

Synonymie. — D'après Erdna (2), les jeunes maraichines disaient jadis, pour « maraichiner » : *pêcher les galants*. Ce terme (3) est très explicite et très éloquent. Il indique nettement le but poursuivi : la recherche du mari rêvé ! Après cette expérience, les amou-

(1) On lit, dans le Nouveau Larousse illustré (t. III, p. 561) : « Cataglottisme. Emploi de mots recherchés [vient de κατὰ, autour ; γλῶσσα, langue]. Didactique : baiser lascif, donné à la manière des colombes. » — M. G. de Massas, collaborateur de l'*Intermédiaire des Chercheurs et des Curieux* (1905, 30 mai, p. 783) s'est demandé quel rapport il y avait entre le mot *Cataglottisme*, pris dans le sens où nous l'employons, et le premier cité par Larousse. — On lui a longuement répondu dans le n° du 10 juin 1905 (p. 878-879) ; et cette réponse, très documentée, est à lire.

(2) Erdna. *Le Maraischinage. Interm. nantais*, 7 déc. 1903 [Note de quelques lignes]. — Erdna est le pseudonyme d'un *vieux* Challandais, d'une érudition remarquable, habitant aujourd'hui la Bretagne.

(3) *Pêcher* est, en effet, synonyme de « prendre, d'attraper », dans le Marais. — On dit « *Pêcher les poulets* » dans la cour ; *se pêcher la main* (pour la prendre), au cours du maraichinage ; *pêcher messe* (aller à la messe), etc.

reuses sont fixées sur l'époux qu'elles croient devoir choisir. C'est donc, pour le beau sexe, une sorte d'essai avant la noce ; et, pour le maraichin, un préliminaire obligé de la demande en mariage.

Suivant une remarque récente d'Erdna (1), « maraichiner » (se conduire comme une maraichine) était le terme de mépris donné par les habitants du Bocage au laisser-aller des jeunes filles du Marais, qui finirent par ne plus s'en fâcher et l'employèrent (2) elles-mêmes (3).

Sarcel (4) a écrit de son côté que, d'après lui, l'expression *aller à la pêche aux galants* n'appartient pas au patois maraichin [il aurait dû ajouter : *actuel*], pas plus que *Ma-*

(1) *Interm. nantais*, 1904, 18 janvier.

(2) Nous avons très rarement entendu le mot « Maraichiner » sortir d'une bouche maraichine ; et je crois qu'Erdna exagère. — Les « Bocains » renseignés seuls savent ce qu'est « Maraichiner ».

(3) Suit une description de la Maraichine, qui paraîtra inexacte pour tous, à l'époque actuelle au moins. Où diable Erdna a-t-il vu « les paysannes du Bocage conserver longtemps leurs charmes, tandis que les Maraichines seraient fanées avant l'âge ? » — C'est là pure fantaisie.

(4) *Intermédiaire nantais*, 1904, 4 janvier, p. 6 [SARCEL est le pseudonyme d'un Vendéen connu dans le Marais de Mont. Respectons son incognito].

raichiner. C'est possible ; en tout cas, il a raison quand il affirme que les Maraichins ne vont pas « maraichiner ». Ce terme leur est, en effet, presque inconnu ; et on peut dire qu'il est d'origine savante, ou tout au moins bourgeoise, quoique locale. La preuve, c'est que les vieux Vendéens l'emploient constamment ; et, comme nous l'avons signalé, ce sont eux qui l'ont forgé.

D'après Sarcel, les Maraichins vont « *fréquenter* » (prononcez *fréquentère*, suivant l'usage). Oui ; mais « fréquenter » a un sens très spécial. « Fréquenter » veut dire : « faire la cour à sa bonne amie, aller la voir, etc. » D'ailleurs « se fréquenter » signifie, là-bas comme ailleurs : « Se voir entre promis, être le futur d'une maraichine, et se conduire en conséquence, etc. »

Ce terme n'a donc rien à faire avec l'acte spécial qui caractérise le Maraichinage en lui-même.

En effet, le vrai terme patois, signifiant *maraichiner*, est : *faire lambiche* (1). Mon

(1) Ed. Gallet (de Beauvoir) n'a pas signalé cette dénomination, de même que la suivante, dans son *Petit vocabulaire patois*.

regretté ami, M. Jodet (de Beauvoir), me l'a répété plusieurs fois ; et je tiens de ma sœur, élevée comme moi dans le pays, que c'est bien là l'expression dont se servent surtout les jeunes filles entre elles. Les hommes ont recours plus souvent au mot « *biser* » (1), altération locale de *baiser*, dans le sens de « s'embrasser ».

M. Boutineau, savant de Tours bien connu, et d'origine poitevine, m'écrivait le 30 janvier 1905.

« Votre « Maraichinage » doit être ce que je connais sous le nom de « *Lambiche* ». Quand j'avais 22 ans, âge où l'on est avide de tout connaître, j'ai pénétré dans une maison où ce que vous décrivez *se pratiquait en commun!* J'étais avec deux camarades, joyeux étudiants comme moi. Nous avons failli être écharpés ; et nous n'avons dû notre salut qu'à la vive et sagace intelligence de l'aubergiste. Je m'en souviendrai toujours ! »

Ce terme de *Lambiche* me paraît extrêmement caractéristique. D'abord la terminaison *iche*, qui se rapproche singulièrement de *liche*, *licher*, terme patois pour *lécher* (2) [d'où *li-*

(1) Voir une *formulette*, citée plus loin, où figure ce mot.

(2) *Lèche*, dans le sens de *lèchement*, ne paraît pas plus français que ce dernier mot, qui ne figure pas dans les dictionnaires classiques. *Lécher* est évidem-

chetter, lichette, diminutif], est bien en rapport avec l'acte du maraichinage, comme le montrera ultérieurement une description circonstanciée. — Quand au radical *lamb*, il nous est familier. Il est *latin*; mais il pourrait bien être d'origine sanscrite (1). Il vient de *lambere* (*lambo*), verbe (2) qui signifie *lécher, caresser*, et a évidemment la même racine que le mot grec λάπτω. En tout cas, on connaît le vieux mot français *lampas* (3), signifiant *gosier* (ayant donné *lamper, lampée*, etc.), et paraissant dériver du grec : soit de λαίμος (bouche, gosier), soit

ment dérivé du radical sanscrit *lih*, même sens, peut-être par l'anglais *to lick*, qui signifie *aimer* (D'où peut-être : *liche*, en patois).

(1) En sanscrit, il y a *lamb*, tomber. Ce rapprochement pourrait se défendre à la rigueur.

(2) Ducange lui donne pour synonyme *Ablingere* (voir ce mot), dont on retrouve l'analogue dans Suétone (comme nous le dirons plus loin), et *linguâ eluere* (nettoyer avec la langue, c'est-à-dire *promener sa langue*, çà et là, *pour caresser*).

(3) En effet, en admettant comme origine *lamb-liche*, au lieu de *lambiche*, le mot signifierait, *lamb* venant *lampas* [de λαίμος, bouche, et ἐπί, sur, ou *api* en sanscrit] : *lèchement* [dans la] *bouche !* — Mais cette étymologie est vraiment un peu trop savante pour avoir des chances de correspondre à la vérité. — Restons-en à *lambere*, latin.

plutôt de λάπτω, boire (d'où *laper*), devenu λαμπτω, par nasalisation. Ces étymologies seraient faciles à soutenir; mais nous croyons inutile d'insister.

Historique. — Malgré des recherches approfondies dans la littérature locale et dans tout le folklore vendéen, il nous a été impossible — jusqu'à présent du moins — de trouver des renseignements très précis sur l'origine de cette étonnante, mais savoureuse, habitude. Cependant, nous croyons que nos recherches n'auront pas été vaines.

E. Gallet, l'écrivain qui, avec Ch. Mourain de Sourdeval, a le mieux décrit ce pays, n'a pas certes fait la moindre allusion au « Maraichinage » dans son livre sur Beauvoir (1), commune située pourtant sur la rive du Marais de Mont. Mais, dans le petit Dictionnaire patois, qui se trouve dans cet ouvrage, nous avons trouvé ce qui suit (2) :

« *Mochet* (3), *Mochette*, signifie *Maraichin*

(1) E. Gallet, *la Ville et la Commune de Beauvoir-sur-Mer (Vendée)*. Nantes, V. Forest et E. Grimaud, 1868, in-16°, 216 p.

(2) *Loc. cit.*, p. 96.

(3) Il faut prononcer « Moch-ette », ou « Mô-hette »,

et *Maraichine. Faire Mochette*, s'embrasser à la manière des Maraichins. »

Il est certain que cette définition ne s'applique pas du tout à la coutume dont nous parlons ; et, en réalité, *Maraichiner*, en patois, ne se dit pas : *Faire Mochette*. D'ailleurs, E. Gallet, sans doute par pudibonderie, n'a pas osé insister davantage !

Quoi qu'il en soit, ce renseignement est fort précieux, car il nous obligera à rechercher tout à l'heure l'étymologie de ce mot curieux, employé souvent comme sobriquet, pour désigner les jeunes filles du Marais, — sans doute parce qu'elles font également « Mochette » avec le plus vif plaisir ! — et à l'expliquer complètement.

Les *Chansons* elles-mêmes sont aussi muettes que les *Légendes* antiques. Jérôme Bugeaud, le célèbre auteur de *Chansons de l'Ouest*, n'a écrit que ces quelques mots : « Furtifs serrements de main, amoureuses œillades, et confidences soupirées (1). » Mais ce n'est pas là du Maraichinage !

de façon à faire sentir l'*h* de *Moch*, et surtout ne pas dire *Mokette*. Ce *Ch* est en réalité le *Ch* allemand du mot *Buch* (livre).

(1) Il y a une danse, spéciale au Marais de Mont, qu'on appelle la *Maraichine*. Dans l'une de ses varié-

S. Trébucq, chose extraordinaire, dans son ouvrage sur la *Chanson populaire en Vendée*, quoiqu'il ait recueilli de nombreux airs et décrit avec soin les danses si piquantes du Marais de Mont, n'a pas ouvert la bouche sur cette question... buccale !

Dans un mémoire antérieur (1), je n'ai moi-même que cité le mot et la coutume du Maraichinage.

Les écrivains d'imagination, dont les œuvres ont eu pour but la description du Marais septentrional, ont tout à fait négligé cette donnée, qui aurait pourtant pu leur fournir de longs et intéressants développements. Il est vrai que les romans dont l'action se déroule en cette humide contrée sont fort rares, et si exceptionnels même que nous n'en connaissons qu'un seul : *la Terre qui meurt*, de René Bazin (2) ;

tés, dite la *Barrienne* (les Maraichines de la Barre-de-Mont s'appellent des *Barriennes*), le danseur se sert de son *genou* droit en flexion pour soulever par derrière sa cavalière. Très souvent, il place à dessein ce genou dans la *région périnéale* ou *inter-fessière*. Et cette coutume, par son côté un peu risqué, était à rapprocher, au point de vue des mœurs, du Maraichinage [Voir R. Bazin, *loc. cit.*, plus loin, p. 213].

(1) Marcel Baudouin, *loc. cit.*, p. 77.

(2) R. Bazin, *la Terre qui meurt*, Paris, 1899, C. Lévy, in-16.

et cet auteur a vraiment perdu là une jolie occasion d'écrire quelques pages croustillantes.... Il est vrai que c'est si peu sa spécialité (1) !

***

COUTUME ANALOGUE. — *S'embrasser à la Maraichine.* — Mais l'une de ses phrases (p. 35) : « Embrasser mes filles, sur les *deux joues, à la maraichine* », cela successivement, est très exacte. Ce baiser sonore est toutefois purement familial et parfois répété *quatre fois* (deux de chaque côté) ; malheureusement, il n'a rien à voir avec le Maraichinage (2).

C'est très probablement l'action de donner ce baiser sonore que E. Gallet a désignée sous le nom de « faire mochette », et non pas la coutume étudiée ici.

(1) *Guilleri Guilloré*, de Ch. Foley, n'est qu'un roman historique.

(2) Les Maraichines, qui cultivent à ferme une terre ou louent une prairie, embrassent très volontiers leurs propriétaires du sexe masculin sur les deux joues ; c'est une marque d'amitié et de dévouement à la famille (les grandes propriétés passant des pères aux fils), dévouement qui est réel en cette contrée, où la misère est rare.

Mais d'où provient donc ce mot, qui pourrait peut-être nous mettre sur la voie de l'origine du maraichinage? A-t-il quelque rapport avec les mots en « Moque », assez fréquents dans la région (*Moque-Souris*, *Moque-Chien*, *Moque-Panier*, *Moque-Sac*, etc.)? C'est très peu probable, et, en tout cas, non démontré. Dérive t-il du mot *Moque*, connu dans le Marais poitevin, et signifiant « tasse » (1), comme nous l'avons prouvé (2) jadis dans l'*Intermédiaire nantais?*

Nous ne le pensons pas. En effet, dans ces cas, on prononce *Mōk*, et non *Mŏch*, avec aspiration.

Pour nous, ce terme *Mochette* vient, soit d'un ancien mot CELTIQUE (3), plus ou moins analogue au kymrique (bas-breton) *moc* (4) [probablement dérivé du sanscrit *muka*, qui

(1) L'histoire de la tasse, dite *Moque*, a été complètement faite [Voir : *Etymologie du mot « Moque »*. *Bull. de la Soc. des Arch. histor. de la Saintonge et de l'Aunis*, Saintes, 1880, tome II, p. 38].

(2) Marcel Baudouin, *Les Mots en Moque. Interm. nantais*, 1903, 8 juin.

(3) En breton, il y a, on le sait, les termes *poki*, *poka*, *pok*, signifiant « baiser, embrassade. » — On connaît le terme familier : Faire *Poquette*. — *Moch* n'est peut-être qu'une altération de « Pok » ?

(4) Le kymrique *moc* veut dire surtout moquerie (*mag* en gaélique).

signifiait « bouche » (1) et se prononçait *moch*] ; soit plutôt d'une sorte de bruit de baiser, très bruyant et violemment appliqué, par onomatopée, car un fort baiser sur les joues produit un son qui se rapproche assez de *moch*, surtout si l'on ouvre brusquement la bouche.

Dès lors, faire *Mochette* signifierait : ou bien rapprocher la bouche (Mochette, petite bouche) de la joue, c'est-à-dire s'embrasser ; ou bien « faire Moch », c'est-à-dire appliquer un baiser sonore.

Le mot *Mocquette* (avec un *c*) se trouve dans Rabelais, mais avec le sens de moquerie ou de plaisanterie. C'est donc un vieux terme français, qui sans doute a été, depuis longtemps, détourné de son sens propre, à rapprocher des mots en *Moque* précédemment cités.

On le voit, si le terme *Mochette* peut expliquer le « baiser amical », dont nous avons parlé plus haut, il ne fournit en somme aucune donnée sur le Maraichinage lui-même.

Il faudra donc chercher ailleurs.

(1) *Moue* (faire la moue) est un dérivé. — On sait qu'en grec on a μῶκος, raillerie, évidemment de même origine.

CHAPITRE II

DESCRIPTION GÉNÉRALE

CONDITIONS DE MILIEU. — Actuellement, on peut observer surtout le Maraichinage les jours de fêtes religieuses ou de foires importantes ; cela dans les deux grands centres du Marais de Mont : Saint-Jean-de-Mont et Challans. Mais il faut noter, en particulier, les communes de la Barre-de-Mont, Notre-Dame-de-Mont (1), Beauvoir-sur-Mer, Le Perrier, St-Urbain, St-Hilaire-de-Riez, les foires de Soullans, de Saint-Gervais, etc. (Fig. 1); les préveils, et surtout les matinées du mardi au

(1) En réalité, les bourgs, où florit surtout le Maraichinage *typique*, ce sont : *La Barre de Mont*, *Notre-Dame-de-Mont* et *Saint-Jean-de-Mont* ; et on verra la conclusion historique que plus tard nous tirerons de cette constatation.

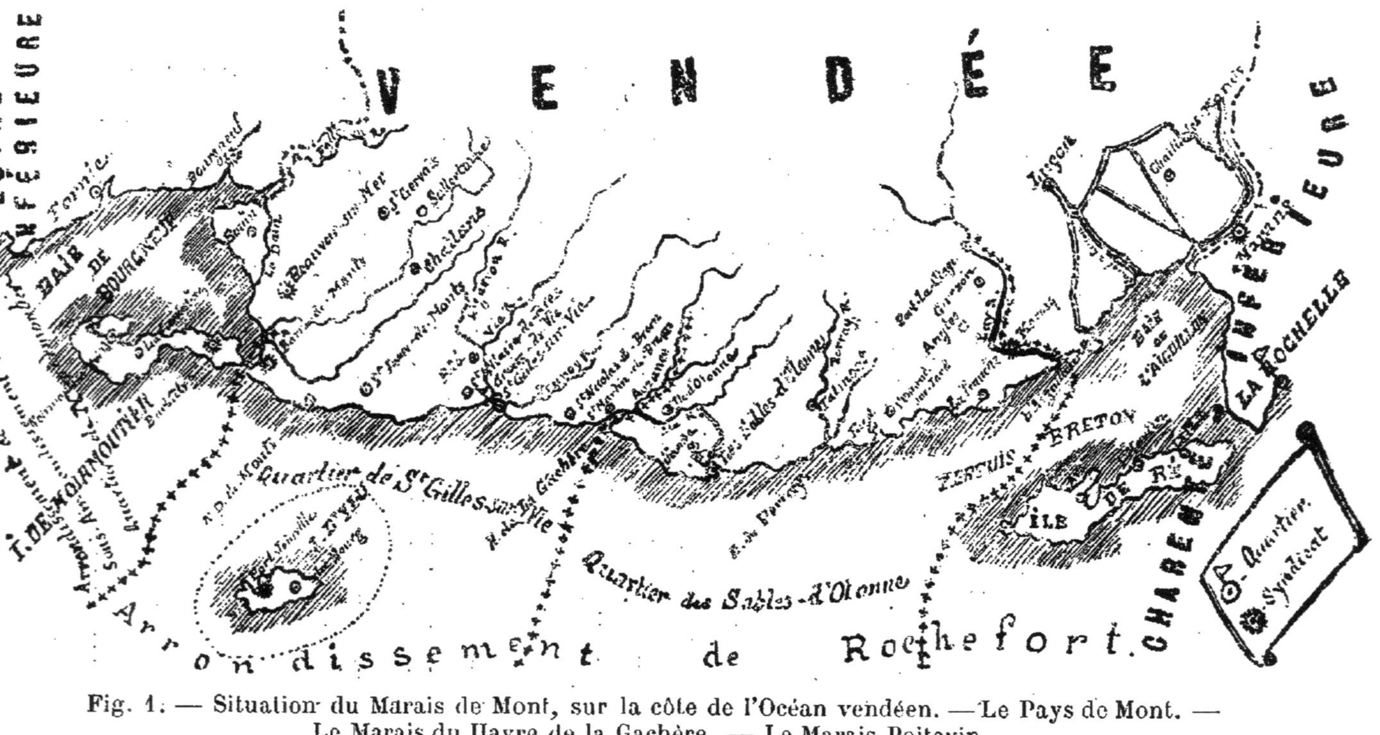

Fig. 1. — Situation du Marais de Mont, sur la côte de l'Océan vendéen. — Le Pays de Mont. — Le Marais du Havre de la Gachère. — Le Marais Poitevin.

marché de Challans (la capitale du marais), où jadis il florissait au milieu des cages à volailles, etc., etc.

On le pratique aujourd'hui principalement dans les *auberges*, soit dans la grande salle commune, soit dans les chambres à coucher voisines, quand on désire ne pas rester sous les regards des curieux. Jeunes hommes et jeunes filles (1) s'attablent alors dans un coin, en face d'un verre de liqueur ou plutôt d'une tasse de *café* (boisson préférée des Maraichines), et restent là des heures entières, se livrant au Maraichinage, les uns à côté des autres, sans ouvrir la... bouche, du moins pour... prononcer la moindre parole !

On opère dans le recueillement, comme il convient à une coutume, qu'on tient de ses ancêtres et qui doit dater de loin...

Mais, si l'on préfère aujourd'hui s'aimer à

(1) R. Bazin a décrit ainsi la Maraichine (p. 16) : « Avec sa taille plate, sa fraicheur, l'ovale plein de ses joues, la courbe pure du front, que resserraient un peu sur les tempes *deux bandeaux* bien lissés, ses lèvres droites..., *ses yeux de couleur châtaigne mûre*, de la même nuance que les cheveux, sous la coiffe mousseline à fleurs, en forme de pyramide... » — Description prise sur le vif, mais bien incomplète, et où le caractère spécial de ce type n'a pas été noté !

l'auberge, il ne faudrait pas croire que l'on cherche à se cacher le moins du monde!

En effet, on *maraichine*, même encore de nos jours, en pleine rue, *à la vue de tous, debout*, ou au milieu de la foule qui circule le matin dans le marché, ou l'après-midi dans la foire. D'autres fois, en retournant à la ferme, située au milieu du marais, on s'installe, *au su et au vu de tous*, sur le bord d'un fossé de la grande route, le dimanche dans l'après-midi principalement ; et, la solitude aidant, on va vite en besogne....

Combien de fois, — à l'époque où, succédant à mon père, entrepreneur de travaux publics, qui venait de mourir (1877), je traversais très souvent seul le marais, du Pissot à Soullans et au Perrier, pour gagner en voiture, de Croix-de-Vie, Bois de Cené et Bouin, — ne me suis-je pas, malgré mon jeune âge (j'avais alors dix-sept ans !), offert le plaisir innocent de troubler, d'un coup de fouet anodin, lancé du haut d'un cabriolet attelé à un cheval paisible, ces doux tête-à-tête, abrités du soleil le plus innocent par le parapluie classique, emblème vénéré de l'amour maraichin !

Accessoires. — *a) Parapluie.* — Le *Parapluie* est, en effet, indispensable désormais au Maraîchinage *en plein air*. Chose curieuse, *il est presque toujours porté par la jeune fille*; en tout cas, c'est de celui-ci qu'on se sert le plus souvent, car les jeunes *garçons* en usent rarement, même en hiver.

Ce parapluie (1) a toute une histoire, qu'il nous faut résumer, car c'est vraiment... *l'arme nationale* de la Maraichine. *Arme* est certes un peu prétentieux, car on ne se bat guère, pour son galant, au marais, sauf à l'époque des guerres civiles (et alors c'est à la fourche qu'on a recours !), d'autant plus que c'est surtout un appareil de... plaisir ; mais *national* est le mot. En effet, pendant la mauvaise saison, la Maraichine, jeune ou vieille (Fig. 3), ne sort jamais sans son parapluie, et souvent son panier.

L'*été*, il n'y a que les *jeunes filles* à porter des parapluies (Fig. 2), quand le temps est superbe ! Et, quand elles sont en âge de maraichiner, elles en sont toujours munies.

(1) Il n'y a pas qu'en Vendée où le parapluie joue un rôle en Amour. — Voir un dessin de Louis Morin, paru aux annonces du *Temps*, en décembre 1903 [Sous un pépin, qu'on est bien à vingt ans !].

Marais de Mont.

Costumes (1).

Fig. 2. — Une Famille Maraichine, rentrant à la ferme, un dimanche soir d'*été*, après vêpres [Saint-Hilaire-de-Riez].

Cette photographie montre que, malgré la saison, la jeune *Maraichine*, en âge de « maraichiner » (la 2e à partir de la droite), a, seule, son grand *parapluie* violet dans la main droite. — Les autres femmes, qui sont *mariées*, n'ont pas de parapluie, de même que la fillette et les hommes.

(1) Photographies ethniques du Marais de Mont (Collection Marcel Baudouin).

Il est certain que le port habituel du parapluie l'*hiver* tient aux conditions locales, c'est-à-dire au pays lui-même, qui est marécageux, et où il pleut assez souvent. Mais l'*été* ?

Ce n'est pas du tout, comme on pourrait le croire, pour s'abriter des rayons du soleil, que la jeune Maraichine l'emporte le dimanche, au village ou à la foire, car elle ne s'en sert presque jamais dans ce but (1). Non ; c'est grâce à la coutume acquise, qui continue à agir, pendant l'été, comme elle l'a fait pendant la mauvaise saison ; et, dès lors l'inutile objet ne devient plus qu'un excellent voile *violet*, derrière lequel il doit sous peu ou a dû jadis se passer quelque chose ! C'est un *symbole*. Tout parapluie, surtout celui d'*été*, porte dans ses plis une agréable espérance ou un doux souvenir...

Comme l'étoffe en est solide, comme la voilure en est large (on pourrait presque protéger une... escouade !), comme le manche en est résistant et long, nos tourtereaux — c'est le vrai mot — se croient mieux cachés,

(1) Elle a recours à un autre moyen (mouchoir placé en avant de la coiffe, en visière, formant *capeline*) ou à une *capeline* proprement dite, bien connue à la Barre-de-Mont, Noirmoutier, etc.

derrière ce compagnon fidèle, que l'autruche sous son aile; et ils s'isolent ainsi, sous... les yeux de tous, de la façon la plus naïve et la plus charmante que l'on puisse imaginer.

b) *Chapeau Rabalet.* — D'après M. Jodet, dans l'ancien Maraichinage, le parapluie n'aurait pas joué un rôle aussi prépondérant que maintenant; mais il n'en était pas moins porté. Toutefois, je dois avouer que je n'ai pas connu ce temps-là, et que je n'ai même jamais entendu parler de ce qui suit qu'après une enquête très approfondie, à la Barre-de-Mont et ailleurs.

D'après mon vénérable correspondant, aujourd'hui décédé, c'était le *Chapeau* du Maraichin qui jadis aurait joué le rôle du parapluie. Ce chapeau, dit *Rabalet* (1), avait alors

(1) Que signifie *Rabalet ?*— Serait-ce : Chapeau que l'on *rabat* sur les yeux et la figure ? Alors le *Rabalet* serait, en effet, le symbole du vieux Maraichinage.

Ed. Gallet, dans son livre sur *Beauvoir*, a écrit : *Raballette* (au lieu de *Rabalet*, orthographe courante), p. 98.

Nous ignorons si le mot *Raballes*, signifiant « savates traînantes » (J. Bujeaud, *Chans. de l'Ouest*, t. II, p. 12) doit être rapproché de ce terme. Dans l'affirmative, il faudrait alors au moins écrire : *Raballet !*

Peut-être doit-on admettre, en réalité : *Rabal-let*, comme *Rabat-joie* ?

Marais de Mont.

Cérémonies publiques.

Fig. 3. — Le Parapluie (1) violet des vieilles Maraichines.

[Enterrement à Saint-Jean-de-Mont : *Coiffes de deuil*]. (Photographie Marcel Baudouin).

(1) On notera que, malgré la saison et la nature de la cérémonie, la plupart des Maraichines ont leur parapluie.

des bords très *larges*, comme ceux des paludiers bretons du bourg de Batz par exemple [Il a disparu aujourd'hui, et est remplacé par un petit chapeau à bords (1) *très étroits*] (Fig. 4). C'est en l'inclinant un peu que le jeune Maraichin, portant encore les *sabots* (Fig. 2) classiques [aujourd'hui presque disparus aussi], arrivait à cacher les deux visages mâle et femelle !

Dans ce temps-là, la fillette tenait ordinairement son *mouchoir* à la main, pour cacher la partie de sa figure que ne dérobait pas aux regards le fameux *Rabalet*.

L'habitude du mouchoir persiste encore ; mais elle est beaucoup moins fréquente que jadis et tend à disparaître.

C'était toujours le cas de l'autruche, en partie double, et encore plus *primitif !*

***

Supposez aujourd'hui un voyageur qui, vers sept heures du soir, revient au mois d'août des courses de Challans (elles ont lieu dans la prairie de Coudrie, en plein marais),

(1) La mode va toujours d'un extrême à l'autre.

et s'en retourne vers Saint-Jean-de-Mont !

« Sur son chemin rencontre », comme dit la chanson, des deux côtés de la route, au bord des talus, d'énormes *Parapluies* violets, toute voile dehors, au manche semblant figé en terre. Qu'en passant en voiture, au trot, et tout à côté, d'un coup de fouet rapide et habile, il fasse basculer le parapluie (distraction innocente des bourgeois du pays !), il apercevra aussitôt un jeune couple, en habit de fête, que la plaisanterie (1) n'aura pas trop surpris, et qui continuera à s'aimer, sous la brise de mer qui s'avance, en attendant que le soleil aille cacher sa vaste face rouge derrière les dunes

(1) On m'a conté l'aventure suivante [mais je ne la donne que sous toutes réserves], qui prouve que le *coup de fouet* n'est pas toujours anodin.

Il y a quelques années, le Curé actuel d'une commune de cette contrée revenait en voiture, d'une cérémonie quelconque, un peu gai à son presbytère ! Apercevant sur le bord de la route un couple sous le parapluie, il lui asséna, non pas de façon discrète, et par pure plaisanterie comme je l'ai fait jadis, mais sous forme de *châtiment*, — sans doute d'ordre.... religieux, ou tout au moins moral ! — un coup de fouet si violent que le visage du jeune homme en porta quelque temps des traces apparentes !

Sans l'intervention du maire de l'endroit, l'affaire aurait pu tourner mal pour ce vénérable curé, trop ennemi du Maraichinage....

et les moulins de Saint-Jean, et même les falaises lointaines de l'île d'Yeu...

Tout cela a lieu, inutile de le dire, exclusivement *avant le Mariage ;* et il n'est pas du tout nécessaire qu'on soit fiancé officiellement, pour qu'on ait la possibilité de se livrer à cette distraction, les dimanches et fêtes, et les jours de foire ! C'est ainsi, en effet, qu'entrent en conversation amoureuse tous les jeunes Maraichins, dès que les sens ont parlé.

C'est ainsi que les sexes apprennent à se connaître et à s'apprécier ; et ce n'est qu'après cette épreuve, éliminatoire au premier chef, que le gars est admis à se mettre sur le rang des candidats aux légitimes noces.

On n'est pas plus prudent, pour n'être qu'une femme !

On affirme d'ailleurs que les jeunes filles recherchent plus que les garçons l'occasion de se renseigner ainsi sur la valeur sexuelle des jeunes gens....

***

Aujourd'hui, il serait peut-être difficile d'assister à des scènes semblables, car tout se perd, le Maraichinage comme le reste, au pays maraichin ; et cette coutume est de plus en plus localisée aux auberges.

Mais, à l'époque dont je parle — époque où j'avais vingt ans, moins de rhumatismes, et moins de vie de Paris surtout ! — les parapluies violets battaient encore leur plein, au grand air de la mer ; et le sceptique, que je suis devenu, s'enthousiasmait, s'extasiait alors devant tant d'ardeur, tant d'amour et de joie : il jurait de faire connaître aux citadins des grandes villes cette coutume si extraordinaire de son pays, et de mettre sa plume, déjà expérimentée, au service d'un usage si pittoresque. — Le Maraichin, *temporairement* émigré, mais non *déraciné*, a mis vingt-cinq ans à tenir sa promesse. Il est grand temps qu'il parle, pour ne pas faire un cours d'histoire ancienne et... d'amours fossiles !

CHAPITRE III

DESCRIPTION ETHNIQUE.

Circonstances du Maraichinage. — Il me faut entrer maintenant dans des détails plus précis, et, pour bien faire comprendre l'intérêt de cette coutume *de plein air*, raconter exactement ce qui se passe dans les différentes circonstances où l'on pratique le Maraichinage.

Voici quelques scènes vues, qui méritent de retenir l'attention.

1° *En plein air. a) Rues et lieux publics d'un bourg.* — C'est un *dimanche*, ou *un jour de fête*, après l'office religieux, après vêpres surtout. Les jeunes filles se sont réunies et circulent sur les places ou dans les rues. Les jeunes gens ont abandonné le cabaret et leur partie de cartes de *luette* (1). Ils recherchent du regard la Maraichine qui passe et qui leur convient. Les fillettes, attendant avec impatience... l'assaut qu'elles vont subir, continuent à se promener, causant entre elles. Leur petit cœur bat déjà très fort. Seront-elles remarquées du beau gars, bien rablé, qui se montre au sortir de l'auberge ?

Les Maraichins les suivent un instant, ou parfois, débouchant d'une rue, les atteignent en courant. C'est alors que commence l'attaque. Quant l'un d'eux a fait son choix, il aborde *vivement* la jeune fille, en *tirant* fortement *par derrière* son jupon de frise (2) (Fig. 4) (3).

D'autres fois, il procède à la première attaque en lui posant la main sur l'*épaule gauche* (Fig. 5) et en passant ensuite le bras gauche autour du cou (Fig. 6).

Le plus souvent, la Maraichine n'oppose

(1) Voir mes recherches sur ce jeu de cartes, spécial aux départements *maritimes* de l'Ouest (*Int. nantais*, passim, etc.).

(2) Cette *brusquerie* est très spéciale et indique une coutume *antique*.

(3) Une autre carte postale illustrée, *très inexacte au point de vue du costume*, représente *assez mal* ce geste (Collection G. I. D. Nantes : Maraichinage).

Fig. 4. — Le début du Maraichinage en plein air. — Façon de s'aborder : *La prise du jupon* (1).

(1) Cette figure, qui est la reproduction d'une carte postale illustrée, n'est pas tout à fait *exacte*, puisqu'ici la prise du jupon a lieu *de face*, au lieu d'être exécutée par *derrière*. [C'est une photographie posée, comme les suivantes.]

Fig. 5. — Début du Maraichinage en plein air. — Façon de s'aborder : *Coup sur l'épaule gauche.*

aucune résistance, ou ne proteste que pour la forme, pour la galerie. Elle suit docilement le jeune audacieux ; elle se laisse alors prendre par la taille et le couple s'éloigne. *Audaces fortuna juvat !*

Quand la jeune fille est en compagnie (camarades ou même parents plus âgés), sur un signe d'un jeune homme, elle ne craint pas de la quitter de suite, pour rejoindre celui qui la convie au plaisir d'être deux !

Si c'est son amoureux en titre, c'est-à-dire son « galant », elle n'hésite pas, bien entendu. Mais, quand elle est tirée par la « queue de son cotillon » par un nouveau soupirant qui ne lui convient pas, ou si elle a promis à son « galant » qu'elle l'attendrait ce jour-là, elle résiste énergiquement à l'assaut, à la manière des primitifs, pour ne pas dire des préhistoriques ! Et la scène qui se déroule alors est vraiment pittoresque, voire même comique.

La Maraichine ne refuse pas seulement d'accompagner le jeune homme. Comme celui-ci *insiste toujours*, par... *amour-propre* tout au moins, tire la jupe de plus en plus fort, et veut s'emparer du gigantesque parapluie (ce qui est le comble de la victoire !), elle se défend de la façon la plus vigoureuse possible, et cherche à se dégager. Pour cela, elle frappe l'assaillant à coups redoublés, sans aucun ménagement. En l'espèce, elle se sert surtout de ses pieds; mais, lorsque le danger devient grave, c'est alors que le *parapluie* entre en jeu.... Quand je disais que ce puissant appareil était l'*arme* (1) nationale de nos Maraichines! La lutte peut être vive; mais, en général, l'entêté cède et se déclare vaincu. C'est alors que ses camarades se moquent de lui, le « blaguent », comme on dirait à Paris, et l'accablent de quolibets, dont le plus employé est celui ci : « Comme t'es bouétou (boiteux); t'as reçu un coup de patte ! »

Voici une formulette, dont je dois la connaissance à ma sœur, et qui correspond parfois à l'entrée en matière. On remarquera que le mot *Mochette* y est employé, soit à la place d'un prénom (Marie, d'ordinaire), soit plutôt dans le sens de « fillette, ma fille », etc.

« *Entins-tu, Mochette?*
Vé dan boare un quarte (2) *anet* [aujourd'hui]? —

(1) C'est une *arme* à deux tranchants. — Il y a ainsi le côté *défense*, et le côté *plaisir*.

(2) C'est l'invitation... à l'auberge pour maraichiner,

Fig. 6. — Début du Maraichinage en plein air :
Bras gauche autour du cou.

Non, non, iau vu pouet! —
Peurquo? — *Iè promis à tchau gas Hannot* (1). —

faite un dimanche au bourg : invitation qui est refusée, parce que la jeune maraichine a promis sa journée à son galant, *Jeannot*. — *Quarte* signifie un *verre de vin*, puisqu'il y a quatre verres dans un litre.

(1) J'ai écrit *Hannot* à dessein avec un *H*, qui est très aspiré. — On voit que le *J* maraichin de *Jeannot* (diminutif de Jean) n'est autre que le *J espagnol*, c'est-à-dire la *jota*. — Voilà une preuve de plus qu'il y a les plus grands rapports ethniques entre les Espagnols et les Maraichins du pays de Mont.

Tout le monde sait que la *jota* espagnole, qui se prononce avec une aspiration gutturale particulière, — *c'est cette prononciation qu'on retrouve dans le Marais de Mont* — est un héritage des *Maures*, ayant régné sur l'Espagne, et que cet usage est surtout marqué en Castille. De là à conclure que les Maraichins avaient une origine espagnole, il n'y avait qu'un pas.

Mais on a été plus loin ; et l'on s'est demandé s'il ne fallait pas voir dans cette habitude de la *jota*, au Marais de Mont, un indice d'une colonisation *maure* elle-même.

Cette hypothèse n'est pas si invraisemblable qu'on pourrait le croire. En effet, on sait que les Maures sont remontés jusqu'à la Loire vers le VIe siècle et ont traversé la Vendée [Rôle des « Rolland », etc], et que le *Marais de Mont* a commencé à se former précisément à cette époque [Voir les discussions sur le mot *Maure* qui ont eu lieu fin 1903 à la *Société d'Anthropologie de Paris*, et en particulier le mémoire de mon ami, M. le Dr Atgier. Voir aussi ma note sur « *Rolland* » ; in *Nécropole gallo-romaine à puits funér. du Bernard*].

Vé dan, vé dan, iroï te condire jusqu'à la barrère dau tchairé (1)!.... »

Une autre phrase, que je dois à l'un des maires amis de la région, exprime le même désir de Maraichinage, mais sous une forme plus poétique et plus distinguée, partant un peu trop bourgeoise...

« *Si ol était in effé de vout' bonté de me laissère* BAILLOTÈRE *su les remparts de vout' pauv' petit tcheire, ve seriez la feille la pu aimable de chès maroï* [Si c'était un effet de votre bonté de me laisser bailloter (2) sur les remparts

(1) Mot celtique (*ker*, village), enclos, cairuy. — Nous dirons plus loin qu'il est d'usage de reconduire chez elles les Maraichines jusqu'à la barrière qui ferme la cour de la ferme [Voir l'étymologie des mots *Cairuy*, *Querray*, *Tcherré*, etc.; in *Interm. nantais*, 1902 et 1903].

(2) *Bailloter* signifie ici plus que « baiser sur les lèvres » ; il indique nettement la pose, mouvementée et répétée, de lèvres masculines sur des lèvres féminines, avec l'intervention de la langue. En effet, *bailloter* doit venir du terme patois maraichin : *Balot* ou *ballot* (ou *baillot*), qui signifie *lèvre* (Voir E. Gallet, *loc. cit.*, p. 87). C'est probablement un mot d'origine celtique, car, en breton, on a *balok* (*l* mouillé) (lèvres). On dit : « *Le gros ballot* », pour désigner un maraichin ou une maraichine à grosses lèvres (affection bien connue des médecins, et assez fréquente dans le Marais); c'est un sobriquet. Ne pas confondre avec *baillotte* (petite baille, baillette), signifiant baquet, quoique ce terme vienne aussi du breton : *bal* (mouillé ; c'est-à-dire prononcez *baill*), et *balok*, dans le sens de « cuvier » ; ou même *balliot*, qu'on trouve dans le cou-

de votre pauvre petit cœur, vous seriez la fille la plus aimable de ce marais] (1) !

Voici encore une autre formulette :

plet ci-dessous de la chanson du *Beau Galant* (J. Bujeaud, *loc cit.*) :

Mais gll'o-z-a-pris de haut
Gll' en restit tot *balliot*.

Ce mot a ici le sens de « bouche bée » ; il a été traduit par le terme « bégaud », inconnu de nous, par Maurice Bouchor (*Quarante chansons popul. de l'Ouest*, p. 138).

On retrouve le mot *Ballot* dans plusieurs vieilles chansons de l'ouest ; qu'il nous suffise de citer ces vers de : « Maman j'ai-z-un amant » (J. Bujeaud, *Chans. de l'Ouest*, t. II, p. 56) :

Il vous a-t-un menton
. . . .
Et un « Ballot » qui r'semble
Au grouin d'un cochon.

On connaît le terme *Amuse-ballot* ou *Use-ballot*, qui désigne, dans le Marais de Mont comme sur les côtes de Vendée, un petit mollusque portant le nom de Pignon (*Donax anatinum*, Lam.) [Voir *Interm. nant.*, 1904, févr. et mars].

Le mot *ballot* remonte jusqu'à Nantes et peut-être plus haut ; car il est cité par P. Eudel (*Loc. nant.*, 1884, p. 14).

(1) Le « petit cœur » d'une maraichine est évidemment sa *bouche* ; et les remparts de cette place fortifiée ne peuvent être que ses *lèvres*.

« *Te velà, Rousit* [Rose, en maraichin, se dit *Rousit*, comme Marie se dit *Mochette*], *veux-tu qui allions chè Quevéà* [aubergiste]? *Y a dau chambres hautes. Y érons prendre in cafaé et pis y* CROCHETERONS; *et y ferons* LAMBICHE. *Jacquot Nauléa y est déjà avec Mochette Baude. I passerons un bou moment.* »

A noter le terme « crocheter », s'appliquant à l'acte de se prendre par la taille et par l'épaule, c'est-à-dire signifiant « s'enlacer » (Fig. 6).

Enfin, les couples se forment peu à peu. Deux à deux, on prend un chemin différent; mais bientôt on s'arrête sur l'un des côtés de la rue, ou bien de préférence dans l'encognure d'une maison, sur la *voie publique*. On se prend les mains et tombe en extase (Fig. 7).

La jeune fille *ouvre* alors son parapluie; et, à l'abri des indiscrets, plutôt que du soleil (on s'arrête souvent à l'ombre d'une habitation) et de la pluie, la conversation s'engage et le Maraichinage commence.

Le « gars » reprend à ce moment la main de la jeune fille; puis l'embrasse; il s'efforce, surtout à l'époque actuelle, de la décider d'entrer à l'auberge.

b) *Auberge*. — Quand la jeune fille accepte, elle se rend *la première* dans la chambre

Fig 7. — Début du Maraichinage en plein air :
Pris e des mains, avant *l'ouverture du parapluie.*

Fig. 8. — Le Maraîchinage à l'Auberge :
Le Petit Verre.

Fig. 9. — Le Maraichinage à l'Auberge : *Prise des mains et rapprochement des lèvres.*

choisie ; et son galant la suit. C'est là qu'a lieu désormais le vrai Maraichinage, que nous décrirons dans un instant.

Après avoir pris (Fig. 8) leur consommation (ce qui demande souvent plusieurs heures !) et s'être longuement embrassés (Fig. 9), les jeunes gens sortent de l'auberge, parfois exténués de fatigue ; et cependant on ne s'en tient pas là.

Un Maraichin (1) a signalé lui-même les faits suivants : « A Saint-Jean-de-Mont, par exemple, le Maraichinage bat son plein, le dimanche, de midi à 4 heures, l'hiver, et de 3 à 8 heures l'été... [Après la danse], les Maraichines se dirigent vers l'église ; mais, en route, *tirées au cotillon* (telle est l'expression) par leurs galants, et, après quelques doux mots échangés, elles s'empressent de se diriger vers une auberge voisine, où les joyeux couples sont reçus en chambre particulière. Et il n'est pas rare de voir, dans la même pièce, appuyés au bord des lits, quinze garçons et autant de filles *s'embrasser des heures entières*, tout en prenant une consommation. »

(1) V... *Le Maraichinage*. *Interm. nant.*, 1904, 1er fév.

2° *Retour à la maison.* — Le jeune homme va accompagner la jeune fille sur la route de la maison de sa famille, située souvent au milieu du marais. C'est alors *qu'il porte lui-même* le parapluie, et parfois le panier, s'il y a lieu. Il va jusqu'à quelques centaines de mètres de la demeure de sa « bonne amie ». De temps en temps, en route, ils s'arrêtent d'ailleurs sur le bord du chemin ou se cachent derrière un buisson, dans une prairie, dans un fossé, et même dans les « loires » (1).

Ils recommencent là à maraichiner. Ils attendent souvent le crépuscule, et même la nuit, avant de se quitter.

C'est à ce moment, l'obscurité aidant, et l'excitation sexuelle étant portée à son comble, qu'ils en arrivent parfois au véritable coït. Mais, en réalité, sauf dans certaines communes (La Barre-de-Mont, Notre-Dame-de-Mont, etc.), cette éventualité est *assez rare* (2), et ne rentre presque plus dans le fait

(1) Partie basse des prés où séjourne l'eau pendant l'hiver.

(2) On répète que beaucoup de filles se marient *enceintes*, et un certain nombre tout à fait au début de la grossesse, cela avec leur galant habituel de Maraichinage. — C'est *exact* ; mais il faut se garder d'une

ethnique, c'est-à-dire dans la coutume en question proprement dite. En général, la jeune fille revient pour souper; et le jeune Maraichin va la reconduire presque jusqu'à sa porte. La plupart du temps, il s'arrête *pour embrasser son amie une dernière fois*, à la dernière *barrière* de la prairie voisine de la ferme (1).

Le dimanche soir, comme nous l'avons dit, on voyait jadis de nombreux couples, échelonnés ainsi sur les différentes routes au sortir du bourg, et stationnant de longues heures, toujours sous le parapluie, à l'orée des prés ou à l'entrée des « charrauds » (chemins de traverse).

3° *Garde*. — Le dimanche, dans l'après-midi, tout le monde va au village ; il ne reste à la métairie que la *servante*, ou une *jeune fille*, qui est *de garde* pour le soin des bestiaux.

Celle-ci retrouve alors son galant en allant

exagération. D'ailleurs nous avons pu établir la vérité à ce point de vue, en compulsant les actes de mariage et les naissances des communes du Marais, comme nous le signalons plus loin. — Il y a certes souvent coït ; mais pas plus souvent, peut-être, désormais, que dans d'autres parties du Poitou (dans les Deux-Sèvres, à la Motte-Saint-Héray, par exemple).

(1) Voir la formulette rapportée plus haut.

« tirer » les vaches, dans les prés du Marais. Le jeune homme porte le seau à lait ; et c'est *accoté* au paillier de la cour ou à une meule de foin que l'on maraichine.

4° *Marchés, foires et fêtes.* — Les jours de marché et de foire sont, comme les jours de fêtes religieuses et les dimanches, des occasions de rencontre pour les jeunes gens.

Quand un galant et sa bonne amie sont venus à la foire, ils maraichinent ensemble, généralement à l'*auberge*, mais aussi dans les *rues*.

Chose très curieuse, si la Maraichine n'a pas son galant à la foire, elle n'hésite pas, parfois, à accueillir les propositions de n'importe quel autre Maraichin, pourvu que le jeune homme lui plaise. Mais *jamais* elle n'acceptera les avances d'un jeune *Bourgeois*, ou d'un homme du *Bocage !*

Elle veut bien s'amuser, vérifier si, par hasard, elle a bien choisi son galant, en essayer un nouveau, tenter encore une fois la chance, mais avec un camarade de son rang et de son pays, car elle sait qu'il ne peut pas y avoir de mariage possible, si, au bout du... fil, il n'y a pas un Maraichin.

Fig. 10. — Une famille de Maraichins à table (Repas de midi).

[Photogravure du Pastel de Ch. MILCENDEAU (Salon d'automne, 1903) : *Le Repas des Maraichins*, acheté par l'Etat].
Cette œuvre remarquable représente la famille G..., du Marais de Soullans (Pays de Mont); elle se compose de quatorze enfants, dont l'aîné a tiré au sort en 1904.

Dans ces conditions, elle entre à l'auberge ; et, bien qu'elle ne connaisse pas encore son partenaire, elle lui accorde les mêmes faveurs qu'à son amoureux en titre (1).

Dans les foires, aux *préveils*, il n'est pas rare de voir quinze à vingt couples dans la même salle de l'auberge ; mais, ordinairement, et à l'époque actuelle surtout, ce Maraichinage par groupes se fait dans une salle spécialement réservée à cet effet.

D'autres fois, les couples s'isolent sous le parapluie entre les baraques des marchands ambulants, et même sur la *voie publique*. Alors, pour circuler et passer, il faut les bousculer ou les écarter soi-même, quand on conduit, par exemple, une voiture ou un cheval par la bride.

Au retour de la fête, même cérémonie que les dimanches, tout le long de la route !

3° *Noces*. — On « maraichine » aux noces, comme les jours de foire ou de fêtes religieuses.

Je n'insiste pas sur les détails des noces ma-

(1) Les essais de cette nature ne sont pas du tout exceptionnels ; et c'est cela qui chagrine surtout les Moralistes !

raichines, fort intéressantes d'ailleurs, car cela m'entraînerait trop loin (1). Je me borne à dire qu'il est de règle, pour les jeunes gens, de *ne pas se coucher*, et de *ne pas dormir la nuit* qui suit la cérémonie... (Fig. 11 et 12).

C'est vers minuit qu'on sort généralement de table. On va alors danser la « Maraichine », dans l'aire de la ferme, au clair de la lune.

Mais, bientôt, les danseurs fatigués se dispersent peu à peu. Tout semble alors endormi. En réalité, les jeunes gens veillent : ils Maraichinent ! Ils sont « au pailler », c'est-à-dire couchés deux par deux, entre des tas de foin ou de paille, et ne perdent pas leur temps.

Quand le pailler est encombré, — ce qui est fréquent, car les invités sont fort nombreux aux noces ! — les couples amoureux se réfugient dans les granges et les greniers. Il est de règle de Maraichiner jusqu'à l'aube.

Parfois le sommeil a raison des plus ardents baisers ; mais, dès qu'on se réveille, on recommence ! Pourtant, il n'est si bons amis qui ne se quittent ; et c'est ce qui arrive quand appa-

(1) Marcel Baudouin. *Présentation de documents relatifs aux coutumes des Maraichins du Pays de Mont* (Vendée). — *Bull. et Mém. de la Soc. d'Anthrop. de Paris*, 1905, 16 juin, p. 390. — Voir fig. 10.

Fig. 11. — Une Noce maraichine, dans la belle saison, à la Barre-de-Mont.

Photographie faite dans la cour de la ferme de Beaumanoir. — La noce est celle du locataire actuel de la maison *maternelle* de M. Marcel Baudouin. [Plusieurs jeunes filles ont leur *parapluie* à la main.]

Fig. 12. — Une Noce maraichine dans le Pays de Mont (St-Hilaire de Riez). — *Achats faits par les invités pour les Mariés* [A noter la nature des objets *achetés*]. — Les *Mariés* sont ceux qui figurent dans la fig. 13.

raissent, à l'horizon lointain du marais, les premiers feux du soleil, tout chargés de la buée des marécages d'alentour.

Un jour, ma sœur, âgée de quatorze ans (ceci se passait en 1887), assistait avec ma mère à une noce en plein marais, à la ferme de la Basse-Epine (1), commune de Saint-Jean-de-Mont. Après le repas du soir, un jeune Maraichin, — sans doute exclusivement pour plaisanter, en raison de son jeune âge, — lui proposa *d'aller au pailler* rejoindre ses grands camarades, en train de maraichiner. Elle a gardé un souvenir très précis de cette aventure locale, qu'elle me contait récemment, en me voyant rassembler des notes sur la coutume caractéristique d'un pays qu'elle connaît bien (2).

(1) L'*Epine*, lieu dit voisin d'Orouet, est un point très important et historiquement connu de l'ancienne île de Mont [Louis XIII, en 1622, y séjourna et longtemps on y a montré le lit où il aurait couché (?;] — Il était alors situé sur le détroit séparant cette île de celle de Sion (Riez), où des protestants s'étaient réfugiés [*Int. nant.*, 1905].

(2) A l'âge de seize ans, pendant son séjour au lycée Fénelon, à Paris, elle avait commencé à rédiger, à ma demande, un *Dictionnaire du patois maraichin*. Malheureusement, le manuscrit s'est égaré ; je n'ai

Un maraichin de Saint-Jean-de-Mont(1) a écrit : « Chose vraiment curieuse, après la chanson de la mariée, sur les 11 heures de nuit, chaque garçon prend sa fille [*sa cavalière* (2), comme on dit] sur les genoux, je crois ; et, dans les bras l'un de l'autre, l'on s'embrasse des heures entières, sous la surveillance du chef de maison, qui ne tolérerait à aucun prix une absence trop prolongée, en plein air, d'un des couples(3). Quand cela arrive, on recherche immédiatement les absents, qui sont ramenés en *brouette*, à titre d'expiation, devant toute la noce. »

jamais pu le retrouver ; et je suis obligé de refaire ce travail pour le Dictionnaire *patois* que je prépare].

(1) *Interm. nantais*, 1904, 1er fév.

(2) Le mot *Cavalière*, qui signifie partenaire de danse ou de noce, vient évidemment du mot *Cavalier* et de *Cavale* (expression très employée dans le marais pour jument), comme « chevalier » vient de « cheval ». [Ne pas oublier que cette région est un excellent centre d'élevage de chevaux.]

(3) Cette phrase ne contredit nullement ce que nous avons avancé plus haut ; elle prouve simplement que, parfois, on essaie, pour la forme, dans la famille, de lutter contre le Maraichinage. — Mais la coutume, très curieuse, de la *brouette* prouve qu'on n'y réussit jamais, en réalité.

6° *Veillées.* — La veillée est très connue dans le Marais de Mont ; et R. Bazin, dans son roman, a essayé de la décrire. Rarement on y maraichine, parce qu'on est en hiver, et qu'il ne fait pas beau, en *plein air !* Cependant parfois on y danse ; et, alors, comme aux noces, un couple a bien vite fait de tromper la surveillance des parents. On va se cacher dans la grange ou à l'écurie, derrière un tas de paille.

Après la veillée, vers minuit, les jeunes gens vont reconduire en *yole* (1) les jeunes filles chez elles, car, l'hiver, le marais est presque en entier *sous l'eau*, à part les petits *îlots*, d'où émergent les fermes isolées. Si, dans la yole, il y a un moyen de maraichiner, on ne le laisse pas échapper.

II. Epoque du Maraichinage. — Il faut

(1) La *yole* (on prononce *niole*) est le petit bateau plat, qui dessert l'hiver toute habitation située au milieu du marais. C'est le seul moyen de locomotion dans cette saison. Rien n'est plus intéressant que d'assister, une matinée d'hiver, alors que le pays est couvert d'eau, à l'arrivée pittoresque, sur la rive de Soullans, par exemple, de toutes les yoles, transportant les paroissiens se rendant à la grand'messe !

Cela vaut la Hollande ou la rentrée en masse des pêcheurs sardiniers.

absolument insister sur ce fait que le *Maraichinage se termine avec les Noces* (Fig. 11 et 12).

Il ne se continue jamais, sous forme de *libertinage*, après le mariage, qui est sa seule raison d'être. Les maraichins et maraichines *mariés* ne maraichinent plus. — C'est donc une coutume, qui a pour but « le bon motif », et non pas un simple mariage de la main gauche !

Les maraichines, si libres d'allure, alors qu'elles sont encore jeunes filles, et parfois plus que demi-vierges, — tout comme les fillettes *Américaines*, qui flirtent sans vergogne au nez de leur maman, — une fois devenues des épouses, sont d'excellentes mères de famille. Leur conduite ne donne, d'ordinaire, prise à aucune critique.

Certes, les mères ne surveillent pas leurs filles, comme on le fait dans la bourgeoisie ; et c'est ce qui explique la persistance de la coutume. Certes, elles répètent, pour le Maraichinage, comme pour bien d'autres choses : « Ma fille ne fait que ce que j'ai fait ; et tout s'arrangera ». Et le fait est que tout s'arrange toujours, comme le veut A. Capus !

On a pu écrire : « Quand arrive le soir, galants et galantes se reconduisent jusqu'à la maison paternelle ; d'où *bon accueil des parents*, qui sont enchantés le plus souvent de cette façon d'agir de leurs enfants, car, pour le public, leurs filles ont des amateurs ; donc, aucun inconvénient de ce côté-là ! »

Il en résulte que la maraichine jeune est toujours d'un abord facile pour le maraichin.

Une locution du pays donne une idée de son caractère, au point de vue des relations sexuelles. Quand un jeune homme lui propose les choses les plus hardies, elle répond toujours : « Fais tôt ce que tu voudras ; mais vaque (1) à ma coeffe ».

Cette jeune fille est attachée au *sol natal*, et le quitte très rarement pour aller à la ville, soit comme ouvrière, soit comme domestique ; et on n'en découvrirait peut-être pas une seule originaire de ce Marais dans les rangs de la prostitution clandestine ou publique.

Nous trouvons d'ailleurs presque la preuve de ce fait, dans la statistique de l'origine des prostituées de Paris, publiée par O. Commenge, pour la période de 1878 à 1887. Cet

(1) « Fais attention, ne chiffonne pas ma coiffe ».

auteur a noté, pour la Vendée, un total de *six* (1), pour une période de dix ans. Or, ce chiffre est un des plus bas qui ait été observé !

Au-dessous de la Vendée, on ne trouve, en effet, que la Corse, les Pyrénées-Orientales, le Tarn-et-Garonne, le Var et les Basses-Alpes (avec 5), le Vaucluse (avec 4), l'Aude et l'Ariège (avec 3), le Gers, l'Hérault, le Tarn, la Lozère (avec 2), les Hautes-Alpes (avec 1).

Les Deux-Sèvres et la Charente-Inférieure, départements voisins sans grandes villes, ont déjà des chiffres de 13 et 14, au lieu de 6 !

(1) La plupart des prostituées originaires de Vendée viennent d'ailleurs à Paris ; mais, cependant, quelques-unes s'arrêtent à Nantes. La plupart proviennent des ports de mer, et non du Marais septentrional dont nous parlons.

CHAPITRE IV

DESCRIPTION PHYSIOLOGIQUE

Une chose sur laquelle il faut revenir tout d'abord, c'est la façon dont commence le Maraichinage. « L'entrée en matière, a dit avec raison mon ami A. Barrau, l'écrivain maraichin bien connu (1), s'opère invariablement de la même façon. Le jeune homme tire par son jupon (Fig. 4) [demi-foulon ou lange, à l'époque actuelle (2)], ou par son parapluie, la jeune fille avec laquelle il veut entrer en conversation amoureuse ; puis, brusquement, il lui prend la main [*gauche* de sa main *droite*] (Fig. 7) ; puis il lui agrafe la taille (Fig. 6), et enfin lui passe le bras [gauche] autour du cou, en lui

(1) Baudouin (Marcel). A. Barrau, *le Maraichinage. Intermédiaire nantais*, 1903, nov.

(2) Jadis, c'était du *droguet* [Voir les vieilles chansons vendéennes].

écrasant les lèvres d'un baiser sonore... » (Fig. 14).

C'est là le début des hostilités... vraiment intimes. Le parapluie s'ouvre alors et simule un abri tutélaire pour les « caresses incendiaires » qui vont suivre. C'est la jeune fille qui tient de la main droite l'accessoire ouvert (Fig. 13).

Quelques formulettes ou dictons, ou expressions spéciales, vont de suite donner une idée du Maraichinage. Je vais me borner à en citer quelques-unes :

Mé ton pé contre mon pé,
Mé ta main dans ma main (1).
Et bisons-nous !

Cette phrase est souvent prononcée par les jeunes filles, au début des escarmouches amoureuses, d'après ma sœur qui me l'a citée.

Cette autre, que je dois à mon ami, Ch. Milcendeau, l'habile pastelliste du Marais de Mont, originaire de Soullans (Fig. 10), sort de la bouche des hommes ; elle est d'ailleurs plus vulgaire et moins poétique !

(1) Il est impossible d'écrire la prononciation du mot *main* en patois.

« Mé ta langue dans ma goule, et dis mé que te m'aimes ! »

Erdna (1) a écrit : « Le maraischinage est un flirt grossier, avec torsions de bras, tapes et coups de poings, rires bruyants, et déclarations amoureuses ». C'est exact, mais au début seulement ; et c'est jadis surtout qu'on opérait ainsi (2) ! — Actuellement, on est devenu plus calme, comme l'a noté A. Barrau.

(1) Erdna, *le Maraichinage. Interm. nantais*, 1903, 7 déc.

(2) Erdna a raconté ce qu'il a vu autrefois aux marchés de Challans.

« Les fringantes maraischines, à la démarche hardie, à l'œil provoquant, tiraient vanité du Maraichinage...

I me ris d'entre vous, les feilles,
D'avoir fait le tour de Challans,
Sans avoir trouvé de galants.

... Loin de chercher le mystère, les amoureux s'étendent près deleurs cages [à canards et poulets], pour les surveiller et ne pas manquer la vente. L'ombre d'un grand parapluie bleu dérobe seul au public leurs caresses et leurs baisers. Parfois les acheteurs et les passants foulent sous leurs pas ces corps étendus par terre. Parfois, les bons gendarmes leur donnent un coup de pied dans les... flancs, pour leur faire modifier leur posture ; le couple se frotte les yeux, regarde, et recommence... Mon article est fait avec des souvenirs de près de soixante ans ! »

En effet, actuellement, le Maraichinage est plus dé-

***

Quoi qu'il m'en coûte, c'est le moment de décrire avec détails, en homme de science, l'acte véritable du Maraîchinage, description devant laquelle tous les Vendéens ont... reculé jusqu'à présent, tant leur respect est grand pour les choses antiques ! Le français, dans les mots, pouvant, aussi bien que le latin, braver l'honnêteté, on me pardonnera cette ébauche, faite à dessein en langage très technique, et dans un style volontairement sobre d'épithètes suggestives.

a) *Auberge.* — Assis le plus souvent sur un banc, ou renversé et à demi-couché sur le bord du lit, ou même *absolument couché sur un lit*, de même que sa « galande », tout de son long étendue, le Maraichin commence par

cent aux marchés de Challans. Mais on le retrouve encore tel sur les charrauds du Marais.

« Sous le règne de Louis-Philippe, ajoute Erdna, les maraischines, leurs cages et leurs galants, se tenaient sur les banquettes de la rue. Avant de se quitter, *gars* et *filles* allaient à l'auberge « *bère un brin de café et deux petits verres* ». — Cela n'a fait, depuis 60 ans, que croître et embellir !

embrasser sur les lèvres sa « bonne amie » (1); et celle-ci lui rend son baiser avec un égal entrain. Quand l'accoutumance est obtenue, on va un peu plus loin. On se serre; on s'enlace; on se roule sur le lit!

Quand les amoureux sont assis, en face d'un verre de vin ou d'une tasse de café, la jeune fille tient d'une main son *mouchoir sur sa joue*, pour se cacher le bas de la figure; et, en cette occasion, le mouchoir semble destiné à remplacer l'ancien chapeau *Rabalet*, ou plutôt le parapluie du Maraichinage en plein air.

Le jeune homme n'hésite pas alors à introduire sa langue entre les arcades dentaires, pas toujours très intactes (2), de sa partenaire, qui lui rend instantanément la monnaie de sa pièce, sans la moindre hésitation et avec une satisfaction visible.

(1) Le mot « blonde », synonyme de *maîtresse*, est plus *Bocain* que *Maraichin*. — Ce qui se comprend, puisque les Maraichines sont généralement brunes.

(2) Très souvent les maraichines ont des dents cariées (c'est un fait qui a frappé tous les médecins étrangers venant dans le pays), mais seulement à un certain âge, et surtout *après le Mariage*. — Aussi cela ne compromet-il pas, en cette région, l'avenir du Maraichinage, quoique le baiser exige des organes normaux (Féré)!

L'introduction s'accentue et s'accompagne de mouvements de circumduction et de plongées pharyngiennes, parfois très profondes, si l'on peut ainsi parler. Les langues fouillent en sens contraire tous les recoins des muqueuses buccales, et tous les diverticules, pour multiplier les contacts ; et, bientôt, à ce petit jeu, d'abord sans conséquence, succède un éréthisme nerveux, local, qui, par l'intermédiaire des centres, retentit rapidement sur les organes génitaux de l'un et l'autre sexe.

Cela va même si loin, quand il s'agit de maraichins ardents, et non encore blasés sur les... avantages de ce flirt buccal, que très souvent *sensation voluptueuse* s'en suit, et pour la femme et pour l'homme (1).

On prétend même qu'il y a parfois *éjaculation* véritable chez l'homme, sans attouchement ou frottement local (2).

Mais il est inutile de dire que, si l'on peut

(1) On a dit que les choses n'allaient pas aussi loin. Pourtant c'est aussi l'avis de mon ami A. Barrau, le poète, qui a toujours vécu dans cette région. — D'après lui, il y a toujours « sensation voluptueuse ».

(2) Souvent il ne doit y avoir, chez l'homme, qu'une simple sécrétion des glandes du prépuce ou de l'urètre, sans éjaculation spermatique vraie.

sans difficulté assister aux manifestations extérieures du maraîchinage, il est fort malaisé, soit de savoir ce qui se passe vraiment sous les vêtements mêmes, soit de provoquer des confidences assez intimes et suffisamment véridiques pour que le médecin puisse être édifié sur les phénomènes génitaux qui se produisent réellement, au moment où l'excitation sexuelle est portée à son maximum par des attouchements bucco-linguaux énergiques et répétés.

Certains prétendent qu'à un moment donné la jeune fille énervée ne résiste plus et qu'elle est à la merci de son galant. Celui-ci, dans ces conditions, la *masturberait* à différentes reprises, cela pendant plusieurs heures, et presque sans relâche (1).

(1) La Masturbation génitale de la femme par l'homme est un fait rare, mais qui est indéniable, à mon avis. — C'est surtout dans les *bourrines* de la Rive de Mont que le fait a lieu, d'ailleurs à l'*insu des parents*. Les jeunes gens sont généralement *couchés* ensemble sur un lit, la maisonnette étant vide ; et alors ils passent, comme ils disent, « un bon moment » ! La maraichine est alors étendue les jupons relevés, et le haut du corps seulement éclairé. — Jadis cette masturbation était *plus fréquente*.

En tout cas, *jamais*, à l'auberge, il n'y aurait coït vrai.

On a dit aussi que la jeune fille se livrait elle-même à des attouchements de la verge de son amant ; mais je me permets de douter beaucoup de cette *masturbation génitale* particulière, au point de vue de la *coutume générale*, s'entend.

En réalité, il n'y a guère là, à mon avis, qu'une *masturbation buccale réciproque*. La sensation voluptueuse n'est obtenue que par l'intermédiaire d'une muqueuse non génitale et du système nerveux central (1).

b) Plein air. — Les choses se passaient en plein air, autrefois, de la même façon; mais, actuellement, sur les routes et dans les prés, on se borne à s'embrasser debout *more columbino* sous le *parapluie*, bien entendu (Fig. 14). Mais le parapluie ne joue guère un rôle de protection contre les regards des curieux. « Ce fragile paravent ne serait-il donc qu'un symbole narquois vis-à-vis des

(1) L'éjaculation de sperme, qu'on observe parfois chez les jeunes gens *continents*, pendant que le coiffeur leur coupe les cheveux, se produit par un mécanisme analogue.

Fig. 13. — Le Maraichinage en plein air.

Le couple est sous le parapluie, la main dans la main. — Aspect spécial de la physionomie de la femme, surtout (1).

(1) Cette photogravure a été reproduite inversée dans le *Photo-Magazine* (Paris, 1904, n° 6, 8 avril, page 47), parce qu'elle est aujourd'hui dans le commerce sous forme de carte postale illustrée, comme les précédentes; mais l'article qui l'accompagne présente des inexactitudes. Cette carte postale est accompagnée des quatre vers suivants, signés C. Chaplot, très peu de circonstance d'ailleurs, car, dans le Marais, il n'y a pas de « sente fleurie » ;

Fuyant les importuns, sous leur grand parapluie,
Maraichin, Maraichine, en beaux accoutrements,
Après Vêpres, s'en vont, par la sente fleurie,
Echanger seul à seul les plus tendres serments.

La poésie... toulousaine, citée plus loin, est plus exacte.

Fig. 14. — L'acte caractéristique du Maraichinage : *Cataglottisme* ou Baiser *More Columbino*, à l'abri du Parapluie ouvert, *et en pleine place publique.* [Dessin d'après une Photographie personnelle].

quolibets qui pleuvent, mais glissent sur son étoffe légère », comme l'a dit récemment le Dr Vigne (1) ?

Puis l'on s'asseoit d'ordinaire sur l'herbe ; et l'on s'étend sur le sol, comme on le ferait sur un lit, à l'auberge !

Le *coït* (2), quand il a lieu, se produit généralement dans ces conditions, à l'abri d'une dune ou sur la lisière des sapins qui la couvrent (N. D. de Mont, etc.), plus rarement dans une prairie (Le Périer, etc.).

Pendant les périodes de repos, les amou-

(1) P. Vigne, *Le Maraichinage* [d'après M. Baudouin]. *Avenir médical*, Lyon, 1905, p. 28-30.

(2) Le Coït, qui n'est pas, en somme, de règle, a lieu en effet, en plein air ; et parfois plusieurs couples opèrent ensemble, sans se trouver gênés le moins du monde. On cite, bien entendu, des faits spéciaux, mais très exceptionnels : comme celui d'une femme épuisant en une soirée deux hommes qui, à tour de rôle, accomplissaient l'acte génital !

On prétend qu'aujourd'hui le coït est plus fréquent, relativement, que la masturbation, et que les jeunes filles qui se marient enceintes sont plus nombreuses qu'autrefois. — C'est possible, pour une ou deux communes de la Rive de Mont, comme nous le montrerons au chapitre VI ; mais le fait n'est pas général.

reux se bornent à se tenir par la main. Le maraichin presse celle de sa « bonne amie », en la regardant d'une façon spéciale. La photographie, exécutée en plein air, que je reproduis (Fig. 13), montre très bien l'aspect des physionomies à ce moment. Il est d'ailleurs le même, quand l'accouplement buccal n'est pas encore consommé.

Le visage semble exprimer, pour la femme, une sensation particulière de bien-être, d'ordre sexuel, tout à fait comparable à celle qui résulte du simple palper, par un sexe différent, de certaines régions cutanées, plus sensibles que d'autres à ce point de vue (peau du cou, cuir chevelu, etc.).

Les paupières sont *abaissées*, mais d'ordinaire beaucoup plus que l'indique la photogravure.

Il faut noter tout spécialement dans le maraichinage cet abaissement des paupières. En effet, Paul d'Enjoy a dit, avec raison, en parlant du baiser chinois (1) : « L'abaissement des paupières... doit être interprété comme

(1) Paul d'Enjoy, *le Baiser en Europe et en Chine* (*Etude du geste*). *Rev. scientifique*, Paris, 1898, LXII, p. 842-843.

l'expression sensible de l'émotion causée par la satisfaction très vive d'un de ses sens les plus impérieux... [On] se recueille *religieusement* [c'est le mot], les yeux fermés, comme pour accaparer le plaisir, l'étreindre, s'y confondre, s'y endormir, et rêver jalousement au bonheur qui vient d'échoir (1). Les yeux clos dénotent la volupté..; ils révèlent un état nerveux, quasi spasmodique... » (2).

Ce qu'il y a de plus extraordinaire dans cette coutume, c'est le *calme* avec lequel on opère au cours du Maraichinage, une fois l'action engagée (3). Les préliminaires sont parfois assez longs; mais rien n'est susceptible d'émouvoir nos amoureux attablés à l'auberge, et surtout abrités derrière le fameux parapluie traditionnel! On a beau les surprendre, les bousculer, les agacer, leur faire des farces, se moquer d'eux : ils restent *imperturbables*...

(1) Il importe de remarquer ici que les Chinois trouvent *odieux* le baiser sur les lèvres.

(2) M. Matignon a dit que la psychologie des Chinois était bien proche de celle des *Romains* ; on verra plus loin pourquoi je fais un tel rapprochement entre la Rome antique et Pékin.

(3) Le contraste est frappant : *au début,* bruit et cris ; *plus tard*, tranquillité parfaite.

Ils vont jusqu'au bout du rouleau..., indifférents à tout ce qui se passe autour d'eux.

Si fractus illabatur orbis
Impavid [os] ferient ruinæ.....

J'ai éprouvé tout récemment, en considérant ces ébats avec les yeux d'un savant qui aurait oublié sa jeunesse, la même impression qu'en étudiant les mouvements de physionomie des belluaires mondains, et des dompteuses en toilette de soirée [si remarquables à la Bostock's Arena américaine, en particulier]. « Grands dieux, n'ai-je pu m'empêcher de noter! Que tout ce monde-là est calme en face du danger... Quelle patience et quel sang-froid! »

En raison de cette impassibilité, *incroyable pour qui ne l'a pas vue*, la Maraichine en extase amoureuse reste insensible à toutes les plaisanteries que peuvent imaginer ses amies, ou les camarades de son « galant ». Comme l'a rappelé A. Barrau, on peut attacher avec des épingles les vêtements des amants enlacés, sans qu'ils s'en aperçoivent; et il en résulte, lorsque enfin ils se séparent, que jupes et culottes de drap se déchirent aux endroits, dont la loi exige une protection efficace...

***

Mon maître et ami, M. le Dr Ch. Féré (1), a bien montré que « les parties, dont la mobilité est plus grande, sont celles dont la sensibilité est le plus considérable ; que les régions de la face, les plus proches des orifices naturels, sont les plus sensibles, en particulier le pourtour des lèvres et le bout de la langue, qui jouit d'une délicatesse particulière... Ce sont ces parties qui entrent en jeu dans le baiser ; et leurs sensations sont d'autant plus intenses que leur mobilité est en même temps plus active, c'est-à-dire que les contacts se multiplient davantage entre organes similaires ».

Ces données expliquent le rôle joué par la *langue* (2) dans le Maraichinage, et comment est obtenue, en l'espèce, la sensation voluptueuse, car, d'après Féré, le *Cataglottisme*, que célébrait Tibulle :

(1) Féré (Ch.), *l'Hygiène du baiser. Rev. de Méd.*, Paris, 1903, 10 juin, n° 6, 450-458.

(2) Il faut noter tout spécialement le contact de la langue avec la partie antérieure de la voûte palatine. Il en résulte une sensation d'ordre très particulier.

Et dare anhelanti pugnantibus humida linguis
Oscula et in collo figere dente notas ..

procure un ultimum de plaisir!

***

La coutume ethnique dont nous parlons peut-elle être considérée comme une *perversion sexuelle?* Nous ne le pensons pas.

D'ailleurs, Ch. Féré ne semble classer dans cette catégorie que des cas de Cataglottisme spéciaux, lorsqu'il dit : « La perversion sexuelle peut se manifester à la puberté par un besoin spécial de baiser. J'ai connu un garçon, dont la préoccupation exclusive consistait à chercher l'occasion de mériter comme récompense le baiser d'une femme quelconque de son entourage. Le cataglottisme était le but suprême ».

Nous ne pouvons donc pas admettre qu'on traite de *dégénérée* une population tout entière, sous prétexte qu'elle a conservé intacte, depuis des siècles, une coutume, qui d'ailleurs n'est mise en pratique que par les jeunes gens *avant le mariage*, et à laquelle on ne pense plus exclusivement, dès que les sens peuvent être apaisés facilement par un autre acte, physiologique et très normal.

***

On n'a pas noté de *troubles physiques et intellectuels* à la suite du Maraichinage. Cela tient à ce qu'on ne maraichine forcément que pendant quelques années, et que les maraichins sont des travailleurs de plein air, et des cultivateurs. D'ailleurs, la *masturbation* elle-même, pour causer des troubles réels, doit se produire dans de tout autres conditions.

Quelque riche que soit la flore pathogène de la cavité buccale, il n'y a pas grand danger d'infection réciproque, en particulier au point de vue de la *syphilis*, qui est très rare en ces régions, malgré le service militaire obligatoire.

D'ailleurs, au régiment, le Maraichin reste *chaste* en général, ne trouvant pas à la ville à « Maraichiner » à la manière de son pays.

D'autre part, il est évident que si une jeune fille remarque une lésion quelconque sur la face ou dans la cavité buccale de son galant, elle arrête immédiatement... les frais et se dérobe, car elle sait qu'elle trouvera très facilement, et de suite, un remplaçant en excellente santé !

Il ne faut pas oublier, d'un autre côté, que la population en question est infestée de *Malaria* et que la plupart des phénomènes nerveux pathologiques observés (hystérie, chloro-anémie, etc.), sont, en réalité, d'origine paludéenne.

CHAPITRE V

ORIGINE DU MARAICHINAGE

Puisque cette pratique est exactement limitée à une région très peu étendue, qui était en partie sous l'eau à l'époque romaine, partie qui a été d'abord assainie, puis peuplée, au début du moyen âge, par une colonie étrangère ; puisque tout porte à croire que cette population agricole est, en partie au moins, originaire d'Espagne [jeux spéciaux, patois, costumes, etc.], on pourrait se demander si le Maraichinage n'a pas été importé de ce pays, à une époque impossible à préciser ; et il serait fort intéressant, en tout cas, de rechercher s'il existe quelque chose de semblable dans la péninsule ibérique.

Toutefois, en raison de l'origine même du mot *lambiche* et de ce qui va suivre, nous ne

pensons pas qu'il faille poursuivre les investigations de ce côté. Ce doit être, soit une habitude propre aux habitants des îles de l'ancien rivage celtique (îles d'Yeu et Mont réunies, etc.), et par suite un usage local préhistorique; soit plutôt une importation d'*origine italienne*, peut-être même *étrusque*, datant de la conquête, et *localisée d'abord au pays de Mont*, avant ou après son isolement de l'île d'Yeu (1).

(1) La Vie, jadis fleuve important, à son embouchure surtout, est la véritable limite qui, à l'époque mégalithique, séparait les régions de Mont et de la Gachère.

Ce qui le prouve, c'est que tous les monuments de la côte, situés sur la rive droite, c'est-à-dire Nord, sont en *Grès de Noirmoutier*, sans exception; et que tous ceux de sa rive gauche, c'est-à-dire Sud, sont en roches différentes et locales (quartz, microgranulite, etc.).

Comme les *Monuments en Grès* occupent la moitié Est d'une contrée de forme circulaire, ayant pour centre le Bois de la Chaise à Noirmoutier, et un rayon maximum de 60 kilomètres, il est certain qu'à l'époque mégalithique Noirmoutier était réunie au continent par le cap de Beauvoir, limitait alors au nord le pays dit de Mont, et était distincte de l'île d'Yeu.

Etant donné la nature des mégalithes de l'île d'Yeu, on doit conclure que cette île, à ladite époque, était réunie d'une part à l'*île de Sion*, et de l'autre à l'*île de Mont*. L'isolement de l'île de Sion et de l'île de Mont est d'époque douteuse, mais plus rapprochée du

6.

***

Historique général. — Les considérations suivantes, d'ordre historique, vont, à mon avis, montrer la grande vraisemblance de cette dernière hypothèse.

Le *baiser sur la bouche*, c'est-à-dire *sur les lèvres*, dit *baiser nominal*, est certainement *préhistorique*, et presque aussi ancien que la femme !

En tout cas, on en trouve la trace dans les vieux livres *indous*. Le *Bhartrihari* (stance 26) ne dit-il pas : « Heureux ceux qui baisent le miel des lèvres des jeunes filles couchées dans leurs bras » (1) ?

Quant au *baiser à l'intérieur de la bouche*, il est peut-être *plus récent* ; mais il est bien connu, depuis les poètes élégiaques latins.

début de la période gallo-romaine (Ier siècle après J.-C.) que de la fin du néolithique et du bronze [Voir : BAUDOUIN (Marcel), *les Côtes de Vendée des Sables-d'Olonne à Bourgneuf de la période néolithique au Moyen Age*. Paris, AFAS, 1902 ; tiré à part, 20 p., fig.].

(1) *Le baiser sur la bouche* a été longtemps la manière de saluer les dames en France, en Allemagne, et en Angleterre. — C'était évidemment une coutume d'importation *italienne*.

Actuellement, on lui donne le nom de *baiser touchant* (toucher avec la langue les lèvres du partenaire, en fermant les yeux, et en plaçant les deux mains dans les siennes), ou de *baiser pressé*, et même *très pressé !* Pour simplifier, et nous en tenir au terme scientifique, nous appellerons, avec Féré et d'autres, *Cataglottisme* ce *Baiser touchant* ou *More columbino*, car ce mot aux allures savantes brave plus facilement la pudibonderie française.

Pour modèle prenons les tendres tourterelles,
Couple heureux, que l'amour ne voit point infidèles.

(Traduction en vers de PROPERCE, Elég. XV, lib. II).

Leurs becs sont enlacés par le nœud le plus tendre.

(DORAT, *les Baisers*, 1770, IXe Baiser).

Quelques citations ne seront pas, d'autre part, on le verra plus loin, inutiles en l'espèce, ni déplacées ici.

Lucrèce, dans le *De natura rerum*, a dit : « Que fait l'amant [alors qu'il tient dans ses bras l'objet aimé] ? Il serre avidement ce corps, qu'il tient dans ses bras ; *il mêle sa salive à la sienne ; il remplit de son haleine une bouche qu'il prend de ses dents.* »

Nous avons pris pour égigraphe les vers

de Tibulle, cités plus haut, qui sont très explicites.

De son côté, Catulle s'est aussi distingué en ces matières, sans être toutefois aussi caractéristique que ce dernier auteur. Les *Odes à Lesbie* contiennent, en effet, une pièce dédiée au *Moineau* de Lesbie, qui rappelle singulièrement le *more columbino,* et une autre, qui renferme les vers suivants :

Da mi basia mille, deinde centum...
Aut ne quis malus invidere possit
Quum tantum sciat esse basiorum (1).

et que Dorat (*XIIIe Baiser*) a imitée de la façon suivante :

Baisons-nous mille fois et mille fois encore...
Mais confondons si bien tous nos baisers ensemble,
Que les yeux des jaloux ne puissent les compter !

Ovide, dans les *Amours*, est aussi explicite ; et on peut citer de ce charmant poète les vers suivants, qui sont aussi probants que ceux de son ami Tibulle :

(1) « Qu'un envieux ne puisse nous jalouser, en apprenant qu'il s'est donné tant de baisers ! »

Quod nimium placuere malum est, quod tota labellis
LINGUA TUA *est nostris, nostra recepta tuis.*

(Elég. V, libr. II.)

Traduction libre :

... Nos langues frémissantes
S'engloutirent pour mon tourment!

Il ne faut pas oublier non plus ce passage de la fameuse élégie *De l'impuissance* (Elégie VII, lib. III) :

Osculaque inseruit cupida luctantia LINGUA...

qu'on a pu traduire :

Elle eut beau m'agacer de sa langue vermeille.

et celui de l'élégie XIV du même livre :

Illic purpureis condatur LINGUA *labellis,*

ou

Là, qu'une langue plonge en ta bouche enivrante...

On connaît ce passage qu'Apulée, dans son *Apologie*, a mis dans la bouche de Solon :

Μηρῶν ἱμείρων καὶ γλυκεροῦ στόματος
Sa douce cuisse et sa bouche enivrante.

Suétone, dans son étude sur les *Grammairiens illustres* (1), a cité le cas de Remmius Palémon, qui fut célèbre à Rome pour des baisers spéciaux. Il dit :

« *Sed maxime flagrabat libidinibus in mulieres, usque ad* INFAMIAM ORIS ; *dictoque non infaceto notatum ferunt cujusdam, qui, quum in turba osculum sibi ingerentem, quamquam refugiens, devitare non posset,* « *Vis tu* », *inquit,* « *magister, quoties festinantem aliquem vides* ABLIGURRIRE. »

« Dans sa passion effrénée pour les femmes, il allait jusqu'à leur prostituer sa bouche. — Et l'on dit qu'il resta, un jour, confondu par ce mot assez piquant d'un homme, qui n'avait pu éviter, dans la foule, un baiser que Palémon voulait lui donner : « Maître, veux-tu donc, toutes les fois que tu vois quelqu'un de pressé, l'aider de ta LANGUE ? »

Evidemment Palémon n'usait ici que pour le sexe mâle (2) du baiser *more columbino* ; ce qui devait être assez peu fréquent, même à Rome ! Mais il n'en faut pas moins retenir le

(1) *Suétone* [avec traduction française] ; par M. Baudemont. Paris, J.-J. Dubochet, Le Charlier et Cie, 1845, in-16, p. 475.

(2) Il est certain que le fait du Grammairien Palémon est un cas *pathologique*, et qu'il s'agit là d'un exemple de véritable *Cataglottisme*, qui relève de la Médecine, comme celui, tout récent, que C. Féré a cité dans son mémoire sur *l'Hygiène du Baiser*. — *Nihil novum sub soli !*

terme bas latin employé par Suétone : *ăblĭgūrrīrĕ* qui paraît caractéristique, qui n'a guère été employé dans ce sens que par cet auteur et Térence (1) (les *Gradus* le traduisent par *lécher* : ce qui est insuffisant), et qui provient de *ab* et *ligurio* (pour *lingo* [origine de *lingua*], sucer avec la langue, Plaute) (2).

Le cavalier Marin, né à *Naples*, l'un des plus agréables poètes du XVIe siècle en Italie, auteur de plusieurs pièces érotiques, a écrit, d'autre part, dans la *Guerre des baisers*, d'après Dorat (3) :

« Bouche rusée, lèvres agaçantes, lancez, dardez votre *aiguillon* ».

Enfin, en Italie, on appelle encore de nos

(1) Ce terme *ăblĭgūrrīrĕ* a été, en effet, utilisé par Térence (*Eunuchus*, acte 2, scène 2, vers 4) :

Hominem haud impurum, itidem patria qui ablīgūrrierat bona,

(2) *Lingo* est à rapprocher du grec Λείχω. — Ducange ne donne que *ablingere* (Linguâ cluere, *lambere*, lingere).

(3) De son côté Dorat a écrit plus tard (VIe Baiser) :

Et que mille baisers croisent leurs *aiguillons*,
Renvoyés tour à tour par nos lèvres actives.

On a copié ces auteurs, surtout au XVIIe siècle, depuis Gentil Bernard jusqu'à Adolphe Belot.

jours *baiser italien* le baiser sur la bouche avec *jeux de langue*, surtout dans les régions de Florence et de Naples.

Cela est caractéristique, comme coutume ancienne en Italie, n'est-il pas vrai?

D'après le Dictionnaire de Leroux, cette sorte de baiser s'appellerait d'ailleurs « Baiser à la Florentine », ce dernier étant synonyme du terme « Baiser à la Colombine », dont la nature a été indiquée par Brantôme (*Vie des Dames galantes*, Discours VII). On trouve, en effet, dans cet auteur du XVIe siècle, la définition suivante :

« Action de deux personnes qui, en se donnant l'un à l'autre des baisers sur la bouche, se lancent tour à tour des petits coups de langue pour servir comme un aiguillonnement au plaisir. Cette sorte de baiser est appelée aussi en France *Baiser la langue en bouche* (1). On prétend que ce baiser est de l'invention des Italiens, qui enchérissent par dessus toutes autres nations en matière de folie d'amour. »

On ne rencontre mention d'un baiser ana-

(1) Réflexion faite, *Lambiche*, terme patois cité plus haut, dérive peut-être tout simplement d'un mot intermédiaire *Lan = bouche*, pour *Lan-gue = Bouche*, la syllabe muette *gue* ayant disparu. — Cette réflexion prouve une fois de plus combien les étymologies vraies sont difficiles à dépister !

logue dans notre littérature qu'au XIIIe siècle. En effet, on lit, dans la *Chanson d'amour* de Thibaut de Champagne, un dialogue entre ce dernier et le poète picard Beaudoin, où il y a ces vers :

..... Car je vous di
Que de baisier la bouche, au cueur descent
Une douçors dont sont tout accompli
Li grans désir.

Mais, d'autre part, nous avons découvert dans Ronsard (Ode VII, II), qui vivait aussi au XVIe siècle, le passage suivant, très caractéristique :

Puis, mettant la bouche sienne
Tout à plat dessus la mienne,
Me mord et je la remors ;
Je lui darde, elle me darde
Sa LANGUETTE frétillarde ;
Puis en ses bras je m'endors,
D'un baiser mignard et long
Me ressuce l'âme adonc
Puis en soufflant la repousse,
La ressuce encore un coup
La ressouffle tout à coup
Avec son haleine douce ;
Tout ainsi les Colombelles
Trémoussant un peu les ailes
Hâvement se vont baisant.

Jean Second, poète latin hollandais, toujours du XVIe siècle, a dit de ce baiser :

« Bouche contre bouche et se dardant d'une langue palpitante. »

Mentionnons, d'autre part, qu'un sonnet d'Isaac de Benserade (XVIIe siècle), a ses quatorze vers commençant par le mot *Bouche.*

Bussy-Rabutin, dans son ouvrage bien connu (1), a imité Ronsard et donné une poésie ayant pour titre: *Sur un baiser.* On y lit :

....

Embrasse-moi d'une LANGUE embrasée,
Ma bouche soit de la tienne pressée,
    Suçant également
De nos amours les faveurs les plus mignardes
Et qu'en ces jeux nos LANGUES frétillardes
    S'étreignent mollement.

Et, dans la *France galante*, du même auteur, on retrouve à peu près les mêmes vers (Amours de Mme de Maintenon) :

Nos LANGUETTES frétillardes
Se font des guerres mignardes;
Et, sur le rempart des dents,
S'entrechoquent *au dedans*.

***

(1) Bussy-Rabutin, *Histoire amoureuse des Gaules*, Paris, 1829, t. III.

Toutes ces données nous semblent très précieuses pour la recherche de l'origine du « Cataglottisme ethnique », qu'on appelle le Maraichinage.

Histoire locale.— 1° *Théorie.* Dans ces conditions, en effet, il est très probable que c'est là une coutume, florissante depuis longtemps en Italie, et qui remonte à la colonisation romaine des côtes de Vendée.

Elle a dû être importée, à une époque indéterminée, mais *antérieure* peut-être *à la séparation* en deux parties de la *grande île*, qui, au début de l'ère chrétienne, comprenait la petite île de Mont (1) actuelle, et qui était située à l'ouest du golfe de Challans.

(1) L'*Ile de Mont*, qui porte un nom d'origine latine (*Insula de Montibus*), est de formation contemporaine, ou à peu près, d'après nous, de l'arrivée des Romains sur les rivages vendéens. Elle a dû être peu habitée à l'époque celtique et gauloise, c'est-à-dire avant sa *séparation de l'île d'Yeu*, car on n'y trouve que fort peu de lieux-dits aux allures préromaines, et seulement quelques souvenirs de vestiges mégalithiques (Le Murier, etc.), d'ailleurs discutables. — Le point où ont été trouvées des monnaies romaines, *Clermont* ou *Clairmont*, au centre de l'île, est un lieu élevé ; et l'étymologie latine (*Mons clarus*) peut se soutenir bien mieux qu'une étymologie celtique ; mais il n'y aurait

Cette île primitive, très étendue, s'étant divisée en trois (les îles d'Yeu, de Sion et de Mont), l'île d'Yeu, bientôt isolée en pleine mer et délaissée des Romains, garda surtout ses habitudes celtiques, tandis que les petites îles de Mont et de Sion furent particulièrement imprégnées de civilisation latine. Aussi ont-elles conservé jusqu'à ce jour l'habitude du baiser, dit *italien*, qui y fut importé sans doute *avant* (1) *leur isolement* : cela d'autant plus facilement que, jusqu'au Moyen âge, elles ont été *bien isolées* du continent. Les gens de l'île de Mont ont dû longtemps ne se marier qu'entre eux.

C'est ce qui explique pourquoi le centre véritable du Maraichinage est *encore* la commune de Notre-Dame-de-Mont, ancienne ca-

rien d'impossible à ce que cet endroit ait été cependant connu des Celtes, qui habitaient l'île d'Yeu.

Les dunes puissantes, qui limitent l'île du côté de l'Océan, sont toutes *post-romaines* ; et il est probable qu'on trouvera un jour sous elles de nombreux restes de la civilisation d'origine italienne. Notre-Dame-de-Mont est, croyons-nous, le premier centre religieux et moyen-âgeux de l'île ; mais cette question n'est pas résolue.

(1) Voir, au chapitre VI, pourquoi nous disons désormais *avant*, au lieu de *après*, la division de la grande île.

pitale de l'île (1), et point habité très probablement dès l'époque romaine (2).

Au fur et à mesure que les atterrissements entre les îles de Mont et de Sion et le rivage de Beauvoir et de Challans ont soudé ensemble les îlots du Perrier et de Sallertaine, qu'ils ont été cultivés et habités par les *Montois*, la coutume a pris de l'extension, et a envahi par suite tout le marais de Mont ; mais elle ne l'a jamais dépassé. C'est pourquoi aussi elle y est restée limitée et ne s'est étendue ni au sud de la Vie, ni surtout vers le Bocage (3), à l'est.

2° *Théorie*. On sait que plus l'on va, plus l'on admet l'existence de l'ancien continent de l'Atlantide, en face les côtes de Bretagne et de Vendée, à une époque relativement assez récente.

Or, on raconte que les *Atlantes* étaient des

(1) Avant le XIXe siècle, la commune de la Barre-de-Mont n'existait pas, et n'était qu'un village, dépendant de Notre-Dame-de-Mont.

(2) On a trouvé, comme nous l'avons dit, de nombreux restes de cette époque à Saint-Jean-de-Mont (Pièces de monnaie, à Clermont ; etc., etc.).

(3) Ce qui donne encore la clé de l'animosité des Maraichines et des Bocains.

gens assez voluptueux ! Le Maraîchinage serait-il donc une coutume (1), qui remonte jusqu'à eux ? Etant donné qu'elle provient d'une ancienne grande île (Yeu-Mont) disloquée, il n'y aurait rien d'impossible à cela !

Analogies. — Sous une forme plus grossière, les gens du bas peuple, dans la Flandre française, pratiquaient naguère, et pratiquent peut-être encore aujourd'hui, un mode analogue d'alliance amoureuse : l'homme et la femme, pour cimenter la promesse de s'appartenir mutuellement, échangeaient (*horresco referens* !) un *crachat* dans la bouche (2).

La promesse quasi-sacramentelle en patois était celle-ci :

« Rach (3), din m'bouche' ; je rach'rai dis l'tienne et nos serommes unis pou toudé. Crache dans ma bouche ; je cracherai dans

(1) On a dit que les *Etrusques* étaient des Atlantes. Comme les Etrusques creusaient des *puits funéraires* (VIIe siècle avant J.-C.) et que ces tombes se retrouvent en Vendée à une époque plus récente (I-IIIe siècle après J.-C.), il y a là un rapprochement qui s'impose, surtout en raison de la théorie précédente.

(2) D'après une lettre inédite de M. Pontsevez (de Paris).

(3) Ch. prononcé dur, à l'allemande.

la tienne ; et nous serons unis pour toujours. »

C'est moins voluptueux et plus répugnant que le Maraichinage ; mais on aperçoit, dans l'une et l'autre pratique, quelque chose comme l'instinctive idée que les *salives mêlées* et *absorbées* font passer, de l'un dans l'autre, une substance des amants qui devient comme un philtre d'amour.

Signification. — Quelle est la signification de ce baiser *more colombino ?* Paul d'Enjoy y verrait sans doute une prise de possession, participant du happement, de la succion, de la morsure même ?

Pour moi, j'y vois plutôt une modification et un perfectionnement de l'*acte de flairer*, qui constitue, pour la plupart des Mammifères, le « prélude très brutal de l'union sexuelle ».

Et c'est pour cela que je rapproche le baiser des Maraichins de l'acte de flairer, premier degré chez les animaux de la manifestation amoureuse, qui a persisté si nettement, comme l'a bien montré P. d'Enjoy, dans le baiser mongolique.

En effet, l'odorat s'étant peu à peu atténué et atrophié, au point de vue sexuel, chez l'homme civilisé (aryen, grec, latin, etc.), il a dû être vite remplacé par le *toucher facial*, d'abord au niveau du nez (1), parce que la muqueuse nasale a de réels rapports avec les muqueuses génitales, comme on l'a prouvé récemment (2) ; puis de la muqueuse la plus rapprochée de celle du nez, c'est-à-dire de celle de la cavité buccale.

Si ces considérations sont exactes, elles tendent à démontrer que le Maraichinage ou *Baiser avec langue en bouche*, doit être une très vieille COUTUME PRÉHISTORIQUE (peut-être *étrusque*, c'est-à-dire *celtique* en somme), jusqu'à présent pour moi *d'origine italienne*, dont le *baiser sur les lèvres* moderne (c'est-à-dire sans l'introduction de la langue) n'est qu'une forme épurée par la volonté et la reflexion, « l'homme domptant chaque jour davantage ses sens et ses gestes ».

D'après le Dr Vigne, qui a si consciencieusement analysé la 2e édition de cette plaquette (3), il n'y aurait là qu'une « satisfac-

(1) Pour s'embrasser, en Nouvelle-Zélande et en Laponie, on se frotte le nez.

(2) Il y aurait lieu d'étudier, à ce point de vue, la signification réelle de l'*Organe de Jacobson* des animaux.

(3) P. Vigne, *loc. cit.*, p. 28-30.

tion partielle apportée au désir sexuel, dans des circonstances où son assouvissement était rendu impossible, soit par simple scrupule de conscience, soit du fait que cette pratique, au moins à l'origine, se passait en public. » Mais notre confrère se trompe évidemment ; c'est le *baiser* qui, comme le lapin, commence toujours en l'espèce, et non pas le désir sexuel ! Et, si le Maraichinage diminue aujourd'hui, ce n'est nullement parce que la chambre d'auberge a désormais les préférences des Maraichins, comme le dit Vigne (dans ce sens qu'elle rendrait le coït plus fréquent), puisqu'*il n'y a jamais relations sexuelles à l'auberge*, mais parce que les Maraichins, instruits par le service militaire, éprouvent désormais une sorte de fausse honte à se conduire comme leurs ancêtres.

CHAPITRE VI

L'INFLUENCE DU MARAICHINAGE SUR LES FORMES DE NATALITÉ

POUR me rendre *scientifiquement* compte de l'influence exercée par la coutume du Maraichinage sur la vie sexuelle au point de vue *social* (j'ai dit plus haut qu'il n'en avait à mon avis aucune au point de vue *pathologique*), j'ai essayé de faire dresser un certain nombre de statistiques, relatives aux communes du pays de Mont et des régions voisines : tentative qui n'avait jamais encore été risquée. Et j'ai à peu près réussi, je le crois du moins, à recueillir des données très intéressantes.

I. *Remarques générales sur l'établissement des statistiques.* — Ces statistiques ont trait aux *mariages* et aux *naissances* (1), envi-

(1) Je n'utilise pas à dessein dans ce travail les

sagées au point de vue *démographique* bien entendu. J'en ai conçu le plan, de façon à pouvoir apprécier aisément la proportion des mariages et des naissances dans chaque commune pendant la période des dix années qui viennent de s'écouler ; et j'en ai déduit des chiffres, qui correspondent à des *moyennes annuelles*, ramenées à 1.000 habitants, pour faciliter les comparaisons.

Certes, j'aurais pu tenter de perfectionner cette manière, assez simplifiée, de dresser les statistiques démographiques, et, par exemple, calculer sur les cinquante dernières années, au lieu des dix citées. Les résultats, évidemment, auraient été plus sûrs. Mais j'ai craint, dans cette première étude (1), de tout compliquer à loisir, et surtout d'opérer, dans ces

chiffres relatifs aux *conscrits*. Je les ai fait insérer dans un but spécial, que je ferai connaître dans un autre mémoire, n'ayant rien à voir avec la coutume étudiée aujourd'hui.

(1) Plus tard, j'essaierai probablement de dresser des statistiques analogues pour des périodes de dix années antérieures ; par exemple : 1850 à 1860 ; 1870 à 1880, etc. — Et je pourrai de la sorte me rendre compte sans doute de quelques-unes des modifications survenues de 1850 à nos jours dans la coutume du Maraichinage !

conditions plus difficiles à réaliser, sur des données en somme moins exactes.

Je connais, d'autre part, les critiques de Bertillon (1) sur cette façon de comparer les mariages et les naissances au nombre des *habitants*, alors que, pour être logique, il faudrait les rapprocher du nombre des « gens susceptibles de pouvoir d'abord se marier, puis procréer » (2). Mais, en l'espèce, je n'ai pas pu avoir les documents nécessaires sous la main ; et j'ai dû me borner à imiter mes devanciers, en matière de statistique.

Le relevé, fort délicat à exécuter, des premiers *enfants* nés avant 9 mois de mariage, tel qu'il a pu être dressé dans les mairies par les instituteurs, en compulsant, d'une part le registre des mariages, et d'autre part celui des naissances [on a dû procéder non plus en bloc, mais par *mariage* et par première naissance correspondante (3)], présente évidemment une cause d'erreur capitale.

. . . .

(1) Bertillon, art. *Mariage, Dict. encycl. des Sc. méd.*, Paris.

(2) Resterait à discuter pourtant de quelles façons ont été établies les statistiques sur lesquelles a calculé Bertillon.

(3) Voici comment nous avons recommandé d'opérer

Les chiffres donnés correspondent forcément en effet : 1° aux premiers enfants *nés avant terme*, c'est-à-dire à 7 et 8 mois, et *conçus*, comme ceux nés après 9 mois, *après le mariage* ; 2° les *premiers enfants*, nés à 9 mois, mais *conçus avant le mariage*, qui sont les seuls qui nous intéressent ici.

En calculant d'après les chiffres connus *pour le reste de la France* et donnés par Bertillon pour les *Morts-nés* (1), on pourrait peut-

pour trouver les chiffres de la colonne des *enfants nés avant 9 mois de mariage* : *a*) Prendre le registre des Mariages de 1892 et noter les noms des mariés (et non pas le nombre des mariages) (soit une dizaine ou une quinzaine de noms à inscrire), avec la *date* de ces mariages. *b*) Prendre le registre des Naissances de 1893 ; y chercher : 1° S'il y a des naissances au nom des mariés de 1892 ; si oui, voir si la naissance est *antérieure* ou *postérieure* à 9 mois. La noter, si elle est *antérieure* à 9 mois, dans la colonne indiquée. 2° S'il y a des naissances au nom des mariés de 1893 (registre des Mariages de 1893), survenues avant 9 mois. Les noter également. — Répéter les opérations pour 1894, 1895, etc., de la même façon.

Pour les *enfants nés après 9 mois de mariage* : *a*) Procéder de la même manière que ci-dessus ; *b*) mais il est plus simple d'obtenir un chiffre approximatif par soustraction du chiffre total, obtenu par l'addition des *légitimes* et *illégitimes*.

(1) Art. *Morts-nés* ; in *Dict. encycl. des Sc. méd.* — On

être éliminer, dans une certaine mesure, cette cause d'erreur. Mais, comme il s'agit là d'un *facteur*, qui, en réalité, est *commun* à toutes les naissances dans tous les pays, j'ai pu n'en pas tenir compte dans cette étude. En effet, si les chiffres absolus sont un peu inexacts, leur *rapport avec les naissances en général* n'est pas faussé ; et par suite ce dernier constitue une donnée scientifique indiscutable. Or, c'est ce seul rapport dont j'ai eu besoin et dont je me suis servi pour la discussion.

Rien de spécial à noter sur la façon de compter les enfants naturels ou illégitimes.

Evidemment, il y a encore quelques autres causes d'erreur, dans ces statistiques globales. C'est ainsi que, dans la grande majorité des communes, il n'a été tenu compte que des enfants *nés vivants*, alors qu'au point de vue où je me place, il aurait fallu tenir compte de *toutes les grossesses* constatées. C'est ainsi que, parfois (Sallertaine), on n'a pas compris dans les statistiques — et cela avec raison à mon sens — les naissances pour les gens mariés, en dehors de la commune, et venus s'y établir après leur union.

compte aujourd'hui 4,75 morts-nés sur 100 naissances ; ou environ *un* par an et par 1,000 habitants.

Mais ce sont là des divergences inévitables, et auxquelles un savant ne pourrait remédier qu'en opérant *lui-même* dans chaque mairie : ce qui est, en réalité, impraticable. Malgré ces causes d'erreurs, qui enlèvent aux chiffres donnés une véritable valeur absolue, ces statistiques n'en conservent pas moins un gros intérêt, car le coefficient d'erreur — que nous appellerons ici, non pas l'*erreur personnelle*, mais l'*erreur inévitable*, — se répète pour l'ensemble et par suite ne vient pas troubler *notablement* le résultat des comparaisons faites, et les rapports, qui sont seuls intéressants à retenir (1).

. . . .

Plan d'étude. — Après avoir fait dresser tout d'abord les statistiques, commune par commune, j'ai tenté ensuite un groupement spécial, en tenant compte, d'une part, de la disposition topographique du pays considéré au point de vue de la géographie historique et de la géologie, et, d'autre part, des faits

. . . .

(1) Voir, à ce propos : M. Baudouin, *l'influence du Maraichinage sur les formes de la natalité. Bull. et Mém. de la Société d'Anthropologie de Paris*, 1904, 5 s., V, 80-87. — *Bull. de la Soc. de l'Int. des Hôp. de Paris*, 1905. — *Gaz. méd. de Paris*, 1905, 12 s., V, p. 77.

déjà connus relatifs à la coutume du Maraichinage. Là discussion qui accompagne chacun de ces tableaux montre que j'ai eu raison de procéder ainsi, car j'ai pu tirer de ces rapprochements des conclusions, à mon sens fort curieuses (1).

II. *Statistiques des communes types.* — Mais voici d'abord, à titre d'exemple, les statistiques que j'ai pu obtenir d'une façon à peu près complète, pour les communes de l'île de Mont proprement dite.

A) *Ile de Mont.* — Les communes actuelles de cette ancienne île, très allongée du nord au sud, sont : 1° *Notre-Dame-de-Mont*, la plus antique ; 2° *La Barre-de-Mont*, jadis simple village dépendant de la commune précédente ; 3° *Saint-Jean-de-Mont*, métropole moderne de l'ex-îlot.

1° J'ai dit que Notre-Dame-de-Mont est *la plus vieille commune* (2) de l'ancienne île

(1) Voir les réflexions du Dr C. [ABANÈS]. *Une coutume vendéenne : Le Maraichinage. — La Chronique médicale*, 1905, p. 78.

(2) Tout me porte à croire que Notre-Dame-de-Mont

de ce nom; aussi ai-je commencé par elle.

Le tableau suivant montre que les mariages y sont presque en proportion normale (7,820, au lieu de 7,60) (1), et que le chiffre total des *naissances* est plutôt *élevé* (31,02), au lieu de 27,5 (ancienne moyenne de la France) et de 22,1 (moyenne de 1896 à 1900).

Les *enfants naturels* y sont par contre *fort peu nombreux*: 0,37 pour 31,05 (soit 1,08 0/0 environ); ce qui est très au-dessous de la normale, la proportion étant de 4,45 0/0 pour la France rurale!

a remplacé, au début de l'ère chrétienne, un village celtique important, plus ancien ; mais je n'ai pas pu arriver à en retrouver encore des traces, qui doivent exister sous les sables des dunes voisines post-romaines. C'est sans doute le nom celtique de ce centre qui a été traduit en latin par Mont (Mons-tis, monticule), et qui a donné son nom à l'île, après sa séparation de l'île d'Yeu.

Dans les parages immédiats de ce bourg, on ne trouve plus, en effet, de lieux dits d'origine celtique, suffisamment caractéristiques. Il n'y a que le *Murier* (pour *Morier*) et la *Mouraine*. — Par contre, les dénominations d'origine latine abondent sur l'ancien rivage *oriental* de l'île du moins: Villleneuve (Villa nova), La Forge, etc.

(1) La moyenne ancienne de la France était de 8,00 ; mais la moyenne la plus récente (1896-1900) n'est, d'après Bertillon (*Bull. mens. de Paris*), que de 7,6 par 1.000 habitants.

I. — COMMUNE DE NOTRE-DAME-DE-MONT. — **Nombre d'habitants (Recensement de 1901) : 1330 habitants.**

ANNÉES	NOMBRE des Conscrits	NOMBRE des Mariages	NOMBRE d'enfants nés avant 9 mois	NOMBRE d'enfants nés après 9 mois	ENFANTS naturels	ENFANTS légitimes	TOTAL des naissances
1893	9	3	3	50	1	52	53
1894	13	15	3	28	1	30	31
1895	11	13	5	38	2	41	43
1896	15	10	2	38	»	40	40
1897	23	15	2	44	»	46	46
1898	17	4	2	52	»	54	54
1899	18	13	»	35	»	35	35
1900	18	12	5	36	»	41	41
1901	17	7	3	34	»	37	37
1902	10	12	2	31	1	32	33
Totaux : 10 ans. . .	151	104	27	386	5	408	413
Moyenne annuelle par 1.000 habitants.	11.06	7.82	2.03	29.02	0.37	30.68	31.05

Les *naissances avant neuf mois de mariage* donnent un chiffre fort *élevé*, de 2,03 pour 31,05 par 1000 habitants; soit 6,50 naissances de ce genre pour 100 (au lieu de la moyenne 2,50, pour le reste de la Vendée).

Ces deux dernières constatations sont tout à fait exceptionnelles. Elles indiquent, par suite, *indiscutablement*, l'existence de *mœurs spéciales dans le pays*...

Et c'est précisément la coutume du Maraichinage qui peut seule donner, comme je vais le dire plus loin, l'explication de ces chiffres, véritablement étonnants!

2° La commune de la Barre-de-Mont n'existe que depuis 1811, c'est-à-dire une centaine d'années à peine. Auparavant, c'était un petit village, probablement aussi d'origine celtique (1), dépendant de Notre-Dame-de-

(1) En effet, *La Barre* est un lieu-dit d'origine celtique, car ce mot vient de *Barren*, écueil à l'entrée d'un port (Villemarqué), ou de *Bar*, défense, plutôt que de *Barra*.

Il est probable que ce village maritime existait, *à l'entrée* du golfe de Mont, au *nord*, avant la séparation des îles de Mont et d'Yeu; il correspondait alors au détroit nord du golfe, étendu entre ces îles réunies et le cap de Beauvoir, se prolongeant au nord-ouest par

II. — Commune de La Barre-de-Mont. — **Nombre d'habitants (Recensement de 1901) : 1500 habitants.**

ANNÉES	NOMBRE des Conscrits	NOMBRE des Mariages	NOMBRE d'enfants nés avant 9 mois	NOMBRE d'enfants nés après 9 mois (1)	ENFANTS naturels	ENFANTS légitimes	TOTAL des naissances
1893	13	11	2	48	1	49	50
1894	21	9	1	32	2	31	33
1895	21	17	5	53	3	55	58
1896	16	6	0	40	1	39	40
1897	9	18	4	35	2	37	39
1898	17	12	3	45	0	47	47
1899	13	16	2	38	0	40	40
1900	13	17	5	45	2	48	50
1901	10	13	7	41	0	48	48
1902	10	8	4	44	1	47	48
Totaux : 10 ans. . .	143	127	33	420	12	441	453
Moyenne annuelle par 1.000 habitants.	10.00	8.466	2,20	28.80	0,800	31.200	32.00

(1) Colonne obtenue par calcul, dans ce cas particulier.

Mont. Cette bourgade, que je connais tout particulièrement, puisque j'y ai été élevé et que j'y ai exercé les fonctions de maire, assez importante aujourd'hui, est remarquable par le nombre de ses mariages (8,466, au lieu de 7,60, moyenne pour la France); par celui de ses naissances annuelles (32 par 1000 habitants); par la faible proportion de ses enfants naturels : 0,800 (c'est-à-dire 2,48 pour 100 naissances, au lieu de 4,45, normale de la France rurale), toutefois plus considérable qu'à Notre-Dame-de-Mont; et surtout par le nombre élevé des naissances avant 9 mois de mariage, qui atteint là le chiffre de 2,20 (correspondant à une proportion de 6,85 pour 100 naissances), taux le plus considérable (1) qui ait jamais été observé dans les statistiques relevées jusqu'ici!

Or, tout cela s'explique très bien, si l'on veut simplement remarquer que la Barre-de-Mont est actuellement la commune où le Ma-

l'île de Noirmoutier. — On retrouve d'ailleurs un autre lieu-dit La Barre, dans l'île de Sion, au niveau de *l'entrée sud* dudit golfe, c'est-à-dire à Croix-de-Vie.

(1) L'*ancienneté* de ce village, qui devait être assez important à l'arrivée des Romains, permet d'interpréter les chiffres relatés.

raichinage, *avec ses conséquences génitales exceptionnelles*, est le plus en honneur !

3° Saint-Jean-de-Mont est la *métropole* actuelle de l'ex-île de Mont ; mais les chiffres du tableau ci-joint démontrent jusqu'à l'évidence que ce n'est pas, comme on l'a dit, le centre d'origine et le plus important, actuellement, du Maraichinage : centre, qui demeure Notre-Dame-de-Mont, avec son ancienne annexe, la Barre-de-Mont.

On n'a ici que 30.20 enfants pour 1.000 habitants ; mais il n'y a que 7,577 mariages, au lieu de 7,60. Les enfants naturels sont *plus nombreux* que les enfants nés avant 9 mois de mariage : ce qui indique une *altération* très notable dans la coutume du Maraichinage [qui produit d'ordinaire l'effet inverse], altération due certainement à ce fait que cette commune est aujourd'hui bien *plus modernisée* que les précédentes (1).

On note, en effet, 0,501 naissances avant

(1) La population agglomérée dans le bourg, devenu une *station balnéaire*, et actuellement chef-lieu du canton, est, en effet, beaucoup plus importante que pour les autres communes de l'île. — Le même fait se passe à Bouin, comme nous le signalerons plus loin.

9 mois de mariage [soit 1,70 pour 100 naissances], tandis que les enfants naturels donnent 1,90.

Il faut conclure de là qu'à Saint-Jean-de-Mont, centre *très-civilisé* désormais, le Maraichinage s'accompagne, aujourd'hui, bien plus rarement qu'ailleurs de rapports sexuels, puisque le total des naissances irrégulières n'est que 3,60 pour 100, alors qu'à la Barre-de-Mont il atteint 9,33 !

B) *Ilots du Pays de Mont.* — Je ne puis pas donner ici les statistiques détaillées de toutes les autres communes du Pays de Mont, car ces séries de chiffres m'entraîneraient trop loin. Mais je vais prendre, comme exemples typiques, quatre communes, qui correspondent à des anciens *îlots,* d'abord du centre du golfe de Mont, puis de la partie sud de cette baie disparue (1) ; et j'en rapprocherai la

(1) Il faut dire, d'ailleurs, que ce sont là les seuls îlots de ce golfe, comblé aujourd'hui, qui soient devenus des centres d'habitations importants, et par suite des *communes.* Les autres îlots n'abritent désormais que des fermes isolées en plein marais.

J'ajoute que les autres communes (comme Saint-Urbain, Beauvoir, Sallertaine, Saint-Gervais, Challans,

commune de l'île d'Yeu (1), située désormais en pleine mer, à l'ouest de l'ex-île de Mont.

On verra plus tard l'intérêt de ce choix et de ce mode de groupement, lorsque je discuterai l'ensemble des chiffres relevés.

La statistique de l'île d'Yeu mérite une mention spéciale, mais est d'une explication facile.

La proportion des mariages est au-dessous de la normale (6,54), parce que, dans les petites îles, les habitants sont surtout *marins* (d'ailleurs souvent marins au long cours) et non pas toujours pêcheurs, c'est-à-dire attachés au sol natal ; partant ils voyagent beaucoup et souvent restent au dehors. De plus, la mortalité des jeunes hommes est plus grande dans les îles qu'ailleurs (naufrages, etc.), si ce n'est toutefois dans les ports de pêche.

Soullans, etc.), sont *mi-Marais*, *mi-Bocage*, et que leurs statistiques sont par suite moins intéressantes que les précédentes, au point de vue démographique et ethnographique. De plus, à Bouin, à Bois-de-Cené, etc., communes qui font bien partie pourtant du Marais Breton, le Maraichinage ne joue qu'un rôle très restreint.

(1) Voir ce que nous avons dit plus haut de l'isolement de l'île d'Yeu et de l'île de Mont.

III. — COMMUNE DE SAINT-JEAN-DE-MONT. — **Nombre d'habitants (Recensement de 1901) : 4500 habitants.**

ANNÉES	NOMBRE des Conscrits	NOMBRE des Mariages	NOMBRE d'enfants nés avant 9 mois	NOMBRE d'enfants nés après 9 mois	ENFANTS naturels	ENFANTS légitimes	TOTAL des naissances (1)
1893	42	30	2	128	4	130	134
1894	44	34	»	99	3	96	99
1895	52	28	3	127	3	130	133
1896	46	30	3	128	1	131	132
1897	48	37	4	137	2	141	143
1898	55	32	»	138	2	138	140
1899	51	29	1	130	4	131	135
1900	58	39	5	140	1	145	146
1901	41	48	2	139	3	138	141
1902	42	34	3	149	4	152	156
Totaux : 10 ans . .	479	341	23	1315	27	1332	1539
Moyenne annuelle par 1.000 habitants.	10,644	7,577	0,501	29,92	0,60	29,60	30,20

(1) Ce total varie, ici, suivant qu'on le calcule avec le premier ou le second groupe des colonnes partielles. — Dans ces cas-là, les chiffres que je donne correspondent toujours au total du second groupe, plus facile à relever.

IV. — COMMUNE DE SAINT-HILAIRE-DE-RIEZ. — **Nombre d'habitants (Recensement de 1896) : 2928 hab. (1). Base du calcul : 3000 habitants.**

ANNÉES	NOMBRE des Conscrits	NOMBRE des Mariages	NOMBRE d'enfants nés avant 9 mois	NOMBRE d'enfants nés après 9 mois	ENFANTS naturels.	ENFANTS légitimes	TOTAL des naissances
1893	35	30	4	112	4	112	116
1894	30	22	7	93	3	97	100
1895	38	23	5	97	2	100	102
1896	27	21	3	104	3	104	107
1897	30	30	6	94	5	95	100
1898	32	24	8	101	2	107	109
1899	30	25	4	91	1	94	95
1900	33	32	9	104	1	112	113
1901	48	21	6	110	4	112	116
1902	23	25	8	108	3	113	116
Totaux : 10 ans . .	326	253	60	1014	28	1046	1074
Moyenne annuelle par 1,000 habitants.	10,866	8,433	2,00	33,80	0,933	34,867	35,80

(1) Chiffres de la carte du Ministère de l'Intérieur (1896).

V. — COMMUNE DE NOTRE-DAME-DE-RIEZ. — **Nombre d'habitants (Recensement de 1901) : 684 habitants. Base du calcul : 700 habitants.**

ANNÉES	NOMBRE des Conscrits	NOMBRE des Mariages	NOMBRE d'enfants nés avant 9 mois	NOMBRE d'enfants nés après 9 mois (1)	ENFANTS naturels	ENFANTS légitimes	TOTAL des naissances
1893	10	3	2	21	5 (2)	18	23
1894	8	2	3	20	2	21	23
1895	5	3	2	24	1	25	26
1896	7	3	1	16	»	17	17
1897	8	5	»	13	»	13	13
1898	6	8	1	22	1	22	23
1899	9	3	3	14	2	15	17
1900	10	4	»	23	»	23	23
1901	9	13	»	21	»	21	21
1902	4	5	5	16	1	23	24
Totaux : 10 ans . .	76	49	15	195	12	198	210
Moyenne annuelle par 1.000 habitants.	10,857	7,00	2,14	27,86	1,71	28,287	30,00

(1) Colonne obtenue par calcul.
(2) Chiffre dû à la naissance de jumeaux.

VI. — COMMUNE DE SALLERTAINE (1). — **Nombre d'habitants (Recensement de 1901) : 2457 habitants. Base du Calcul : 2450 habitants.**

ANNÉES	NOMBRE des Conscrits	NOMBRE des Mariages	NOMBRE d'enfants nés avant 9 mois	NOMBRE d'enfants nés après 9 mois	ENFANTS naturels	ENFANTS légitimes	TOTAL des naissances
1893	30	23	2	56	2	56	58
1894	20	17	2	63	»	65	65
1895	32	22	»	65	»	65	65
1896	40	11	2	70	1	71	72
1897	29	22	»	49	1	48	49
1898	23	19	»	71	2	69	71
1899	42	21	2	53	2	53	55
1900	24	27	2	64	3	63	66
1901	24	20	5	57	2	59	61
1902	25	24	1	59	»	60	60
Totaux : 10 ans . .	289	206	16	607	13	609	622
Moyenne annuelle par 1.000 habitants	11,80	8,40	0,653	24,730	0,53	24,853	25,383

(1) Cette commune n'est pas exclusivement Maraichine.

VII. — Commune du Perrier. — **Nombre d'habitants (Recensement de 1901) : 1975.**
Base du calcul : 2000 habitants.

ANNÉES	NOMBRE des Conscrits	NOMBRE des Mariages	NOMBRE d'enfants nés avant 9 mois	NOMBRE d'enfants nés après 9 mois	ENFANTS naturels	ENFANTS légitimes	TOTAL des naissances
1893	27	9	3	64	»	67	67
1894	17	17	2	49	»	51	51
1895	27	14	»	58	»	58	58
1896	17	13	2	61	»	63	63
1897	19	18	»	47	»	47	47
1898	21	12	»	68	2	66	68
1899	18	9	»	71	2	69	71
1900	16	30	1	51	2	50	52
1901	29	13	3	54	3	54	57
1902	23	20	2	62	4	60	64
Totaux : 10 ans . .	214	135	13	585	13	585	598
Moyenne annuelle par 1,000 habitants.	10,70	6,75	0,65	29,25	0,65	29,25	29,90

VIII. — COMMUNE DE L'ILE D'YEU. — **Nombre d'habitants (Recens. de 1901) : Municip. 3733 ; comptée à part, 76 ; générale, 3809. Base du calcul : 3700 habitants.**

ANNÉES	NOMBRE des conscrits	NOMBRE des mariages	NOMBRE d'enfants nés avant 9 mois	NOMBRE d'enfants nés après 9 mois	ENFANTS naturels	ENFANTS légitimes	TOTAL des naissances
1893	31	31	7	96	3	100	103
1894	40	22	6	107	5	108	113
1895	35	22	4	89	4	89	93
1896	32	26	8	90	5	93	98
1897	26	19	6	94	3	97	100
1898	41	26	5	85	5	85	90
1899	27	16	4	105	5	104	109
1900	32	28	3	103	6	100	106
1901	30	22	5	80	3	82	85
1902	29	30	6	78	3	81	84
Totaux : 10 ans . .	323	242	54	927	42	939	981
Moyenne annuelle par 1.000 habitants	8,73	6,54	1,46	25,04	1,16	25,34	26,50

Le nombre des enfants naturels (4,35) est bien plus élevé que dans le reste du pays (moyenne : 2,50), pour la même raison ; quelques pères partent en voyage lointain, et... oublient de revenir, pour épouser la jeune fille enceinte de par leurs œuvres.

A l'étranger, d'ailleurs il y a des *îles*, comme par exemple celles de Feroë (1), où les rapprochements sexuels sont aussi fréquents avant le mariage, puisque le 1/3 environ des femmes ont des enfants avant les épousailles ! Mais, comme le Maraichinage, coutume spéciale, n'existe pas en ces lointains pays celtiques (on sait qu'il est d'origine latine, à notre avis), *les hommes n'épousent pas* après accouchement !

Quant aux *naissances avant neuf mois de mariage*, il est certain que le chiffre de 1,46 par 1.000 habitants et pour 26,50 naissances annuelles, est fort élevé par rapport à la normale. Cela donne, en réalité, au moins 5 naissances de ce genre pour 100, ou plus exactement 5,5 0/0.

Or, le fait que ce chiffre a rapport à une petite île n'est plus suffisant ; et une autre

(1) A. BERG, *Norsk Mag. for Laegevid.*, 1903.

cause doit intervenir pour l'explication de cette constatation anormale. Or, je crois l'avoir trouvée dans le voisinage immédiat du pays de Mont, et par suite de l'existence de la coutume du *Maraichinage* dans l'île, avant sa séparation de celle de Mont.

***

C) *Bocage voisin du Marais.* — Pour pouvoir comparer les éléments des statistiques précédentes avec des chiffres provenant de Vendée, j'ai fait établir des relevés analogues pour un certain nombre de communes du *Bocage*, situées : les unes à quelque distance et par suite sans aucun rapport avec le Marais de Mont (Apremont, Coex) ; les autres sur la rive même de ce pays, c'est-à-dire sur l'ancien rivage [le Marais n'étant alors qu'un golfe et par suite étant inhabité] (Le Fenouiller).

J'ai choisi ces communes à dessein, parce qu'Apremont (1) est une ville d'origine in-

(1) Dénomination caractéristique : *Asper Mons.* — *Découverte d'une nécropole gallo-romaine à puits funéraire* (M. Baudouin, 1903). — *Grottes à puits protohistoriques post-romaines* (M. Baudouin, 1903), etc.

discutablement *romaine*, et que, d'autre part, il y a eu certainement au Fenouiller une colonie *romaine* [Romanguy (1)], tandis que Coex (2) est le type de la commune d'origine *celtique*. Et ce choix de bourgades d'origine romaine a été la conséquence de l'hypothèse émise précédemment que le Maraichinage était peut-être d'importation italienne.

Je n'ai pas à insister sur les chiffres de ces dernières communes, que l'on va retrouver dans l'un des tableaux d'ensemble qui suivent, et qui vont me servir de points de comparaison avec ceux de même ordre du Marais ; mais il est facile de voir qu'ils diffèrent à plusieurs points de vue, et que, par suite, il était nécessaire de les citer tout d'abord.

***

III. *Tableaux statistiques d'ensemble.* — Je passe maintenant à l'étude détaillée des ta-

(1) *Gué romain*, à l'embouchure de la *Vie* (tuiles à rebord, etc.). — Ce gué allait du Fenouiller à l'île de Riez.

(2) *Découverte du menhir de la Friconnière* (M. Baudouin, 1903). — *Station celtique de Foullet* (B. Fillon). — *Haches polies* (M. Baudouin, 1903).

IX. — Commune d'Apremont (*Bocage*). — **Nombre d'habitants (Recensement de 1901) : 1596 habit. Base du calcul : 1600 habitants.**

ANNÉES	NOMBRE des Conserits	NOMBRE des Mariages	NOMBRE d'enfants nés avant 9 mois	NOMBRE d'enfants nés après 9 mois	ENFANTS naturels	ENFANTS légitimes	TOTAL des naissances
1893	9	20	1	45	»	46	46
1894	8	15	1	44	1	44	45
1895	10	9	»	44	1	44	45
1896	13	10	»	35	»	35	35
1897	17	12	»	36	1	35	36
1898	11	12	1	37	1	37	38
1899	13	14	2	38	1	39	40
1900	11	10	2	37	»	39	39
1901	17	13	1	38	»	39	39
1902	16	14	2	40	1	41	42
Totaux : 10 ans . .	125	129	10	394	6	399	405
Moyenne annuelle par 1.000 habitants.	8,00	8,00	0,620	24,680	0,370	24,940	25,312

X. — Commune de Coex (*Bocage*). — **Nombre d'habitants (Recensement de 1900) : 1900 hab.**

ANNÉES	NOMBRE des Conscrits	NOMBRE des Mariages	NOMBRE d'enfants nés avant 9 mois	NOMBRE d'enfants nés après 9 mois	ENFANTS naturels	ENFANTS légitimes	TOTAL des naissances
1893	23	23	»	48	»	48	48
1894	21	7	»	45	»	45	45
1895	15	12	1	49	»	50	50
1896	12	17	»	47	»	47	47
1897	19	15	1	57	1	57	58
1898	12	12	»	44	1	43	44
1899	21	16	»	54	»	54	54
1900	20	16	»	51	1	50	51
1901	19	13	1	47	2	46	48
1902	13	13	»	50	»	50	50
Totaux : 10 ans .	175	144	3	492	5	490	495
Moyenne annuelle par 1,000 habitants.	9,21	7,58	0,158	25,894	0,263	25,789	26,052

XI. — Commune du Fenouiller (*Rive du Bocage*). — **Nombre d'habitants (Recensement de 1901) : 939 habitants. Base du calcul : 940 habitants.**

ANNÉES	NOMBRE des Conscrits	NOMBRE des Mariages	NOMBRE d'enfants nés avant 9 mois	NOMBRE d'enfants nés après 9 mois	ENFANTS naturels	ENFANTS légitimes	TOTAL des naissances
1893	12	8	1	24	1	24	25
1894	9	7	»	29	1	28	29
1895	9	11	»	28	2	26	28
1896	15	2	»	32	3	29	32
1897	5	3	2	32	1	33	34
1898	8	7	1	20	»	21	21
1899	5	5	»	25	»	25	25
1900	5	9	»	35	3	32	35
1901	7	9	1	21	»	22	22
1902	10	10	1	36	1	37	38
Totaux : 10 ans . .	85	71	6	282	12	277	289
Moyenne annuelle par 1,000 habitants.	9,04	7,553	0,640	30,100	1,280	30.460	30,740

bleaux d'ensemble, dressés à l'aide des statistiques précédentes : d'abord pour le *Marais de Mont* ; puis pour le *Bocage Vendéen*, riverain. Je rappelle que j'ai à dessein classé les communes d'une façon telle qu'on y soupçonne de suite le rôle joué par la coutume du Maraichinage.

1° *Mariages*. — La première colonne du Tableau I, dont il faille ici se préoccuper, est celle des *Mariages*. Elle donne les chiffres suivants, par ordre croissant pour l'île de Mont d'abord :

Saint-Jean-de-Mont	7,577
N.-D.-de-Mont	7,820
La Barre-de-Mont (1). . . .	8,466

La moyenne, qui oscille aux environs de 8 (exactement 7,954) est, en somme, *supérieure* à la normale, puisque 7,60 est le chiffre moyen des mariages pour la France. Mais on remarquera que cette moyenne (1896-1900)

(1) Ne pas oublier qu'il s'agit là d'une *petite commune* (1.500 h.), et que par suite cette moyenne n'est pas trop faussée, un trop grand nombre de personnes ne pouvant pas, logiquement, entrer en ligne de compte pour le mariage.

I. — Le Marais de Mont.

RÉGIONS		COMMUNES	I. — MOYENNES ANNUELLES, RAMENÉES A 1.000 HAB.							II. — MOYENNES pour 100 naissances	
			CONSCRITS	MARIAGES	NAISSANCES Totalité	LÉGALITÉ des naissances		ÉPOQUE du 1er accouchement		PROPORTION des 1er acc. av. 9 m.	PROPORTION des enfants natur.
						légitimes	illégitimes	après 9 mois	avant 9 mois		
(A) Continent actuel : Pays de Mont	a) Ancienne grande île de Mont	Notre-Dame-de-Mont (centre ancien)	11,06	7,820	31,05	30,68	0,37	29,02	2,03	6,50	1,08
		La Barre-de-Mont (coutume très persistante)	10,00	8,466	32,00	31,20	0,80	28,80	2,20	6,85	2,48
		Saint-Jean-de-Mont (centre actuel)	10,644	7,577	30,20	29,60	0,60	29,92	0,501	1,70	1,90
	b) Ilots de la rive sud	Saint-Hilaire-de-Riez (anc. île de Sion)	10,866	8,433	35,80	34,867	0,933	33,80	2,00	5,60	2,60
		Notre-Dame-de-Riez. (ancienne île de Riez)	10,857	7,00	30,00	28,287	1,71	27,86	2,14	7,06	5,64
	c) Ilots du golfe (centre)	Sallertaine (ancienne île)	11,80	8,40	25,387	24,853	0,53	24,730	40,653	2,60	2,10
		Le Perrier (ancien très petit ilot)	10,70	6,75	29,90	29,25	0,65	29,25	0,65	2,15	2,15
	d) Rivage du Marais de Mont	Saint-Gervais	9,85	8,35	27,30	26,75	0,55	26,55	0,75	2,75	2,02
		Soullans	10, »	8,085	28,30	28,002	0,298	27,66	0,766	2,60	1,07
		Commequiers	9,50	6,90	26,35	25,80	0,55	26, »	0,50	2, »	2,10
		Bois-de-Cené	9,842	7,79	30,315	29,894	0,421	28,421	1,105	3,30	1,25
		Bouin (ilot soudé)	10,416	9,053	23,90	23,446	0,454	23,635	0,265	1,10	1,90
(B) Ile de la Baie de Bourgneuf		Noirmoutier (isolée depuis l'époque romaine).	9,04	7,728	23, »	22,60	0,40	22,216	0,784	3,35	1,70
(C) Ile océanique.		Ile d'Yeu (soudée au pays de Mont, au début de l'époque romaine).	8,73	6,54	26,50	25,34	1,16	25,04	1,46	5,50	4,35

est très notablement dépassée (8,466) dans la commune de la Barre-de-Mont. Or, c'est précisément dans ce bourg qu'actuellement la coutume du Maraichinage s'accompagne le plus de *rapprochements génitaux avant le mariage*, comme le montreront les chiffres discutés plus loin. On est donc, scientifiquement, obligé de conclure de là qu'en réalité le Maraichinage, surtout *avec coït* avant le passage à la mairie, *favorise les mariages* dans cette commune, et partant, malgré l'aspect paradoxal de cette conclusion, est moins désastreux, au point de vue *social*, qu'on pourrait le croire *à priori!*

Pour le reste du pays de Mont, les mariages paraissent être dans la note normale. Si les chiffres sont élevés à Saint-Hilaire-de-Riez (8,433) et à Sallertaine (8,40), c'est qu'il s'agit de grandes communes, tandis que N.-D.-de-Riez (7,00) et le Perrier (6,75) sont petites. Mais le Maraichinage doit jouer aussi un rôle à Sallertaine et à Saint-Hilaire-de-Riez, comme à la Barre-de-Mont, car il est très connu dans ces communes.

Le chiffre de l'Ile-d'Yeu (6,54) est véritablement très au-dessous de la normale (7,6) ; mais j'ai déjà dit pourquoi.

II. — Le Bocage Vendéen.

RÉGIONS	COMMUNES	I. — MOYENNES ANNUELLES, RAMENÉES A 1.000 HAB.							II. — MOYENNES pour 100 naissances	
		CONSCRITS	MARIAGES	NAISSANCES totalité	LÉGALITÉ des naissances		ÉPOQUE du 1er accouchem.		PROPORTION des 1er acc. av. 9 m.	PROPORTION des enfants natur.
					légitimes	illégitimes	ap. 9 mois de mariage	av. 9 m. de mariage		
Centre du Bocage	Apremont (centre gallo-romain).	8,00	8,00	25,312	24,740	0,370	24,68	0,62	2,5	1,47
	Coex (centre celtique) . .	9,21	7,58	26,052	25,789	0,263	25,894	0,158	0,60(1)	1,85
Lisière du Bocage et du Marais. .	Le Fenouiller.	9,04	7,533	30,740	30,460	1,280	30,10	0,64	2,5	4,09
Totaux : 3 communes.		26,25	23,113	82,104	»	1,913	»	1,518	5,60	6,61
Moyenne générale.		8,75	7,704	27,368	»	0,637	»	0,506	1,86	2,20

(1) Ce chiffre nous paraît bien faible.

Par contre, les communes du Bocage donnent les chiffres suivants :

Apremont	8,000
Coex	7,580
Le Fenouiller	7,535

correspondant à une moyenne de 7,704, inférieure à celle de l'Ile-de-Mont (7,954), de 0,250 pour 1.000 habitants.

C'est là un écart très appréciable, qui, à mon avis, ne peut être attribué qu'au *Maraichinage* proprement dit (la question des rapports génitaux avant le mariage étant pour l'instant laissée de côté complètement), c'est-à-dire à la coutume ethnique du baiser *more columbino*. Et il m'est impossible, en homme de science, de conclure autrement qu'en affirmant, une fois de plus, chiffres en main :

« Le Maraichinage favorise légèrement les mariages dans le Pays de Mont. »

2° *Natalité générale.* — Vient ensuite la colonne des *naissances* annuelles par 1.000 habitants. Elle donne, pour l'île de Mont, une moyenne qui dépasse 31, et qui par suite est *supérieure* au chiffre de la France de 9 °/₀, soit de plus d'un TIERS : ce qui est *considérable* (1).

Dans les îlots voisins, la proportion est aussi élevée (nous laissons de côté Saint-Hilaire-de-Ricz, commune très grande qui fausse un peu les chiffres, d'ailleurs en les élevant) ; mais Noirmoutier, l'île d'Yeu et Bouin se distinguent par la faiblesse de leurs chiffres, en raison de leur topographie même.

Le Bocage vendéen, par contre, ne nous donne que 27,368 (2) ; soit : 31 — 27,368, ou 4 naissances en moins par 1000 habitants que dans le Marais de Mont.

Or, ce chiffre semble bien correspondre à la différence notée pour les mariages, qui est de 0,250, si l'on songe que 0,250 × 4 = 1, et qu'*un* mariage (par année et pour 1000 habitants) correspond à peu près à quatre dans le marais de Mont (4 = 32/8).

Ce résultat du calcul est, en tout cas, une preuve de la valeur de nos statistiques ; il montre que, non seulement le Maraichinage favorise le mariage dans la proportion d'1/32

(1) On sait que la moyenne générale de la France est de 22,10 (Période 1896-1900, Bertillon).

(2) Au lieu de 22.10 ; il est donc de 5,20 au-dessus de la moyenne.

(0,250 × 4 = 1 ; et 4 × 8 = 32), et ne diminue pas le nombre des naissances, mais qu'il les augmente, au contraire, dans une même proportion, et que, par suite, il contribue à la *repopulation* dans la mesure de ses moyens.

Nous n'allons pas toutefois jusqu'à le préconiser comme un des remèdes à recommander pour lutter contre la *Dépopulation*, car son action n'est vraiment pas assez... marquée à ce point de vue !

3° *Enfants naturels*. — La colonne des *enfants naturels* est encore plus curieuse. On voit, en effet, qu'ils sont le moins nombreux à N.-D.-de-Mont (0,37) ; ce qui corrobore parfaitement notre hypothèse que c'est là le centre le plus anciennement connu du Maraichinage ! Puis vient la Barre-de-Mont, où la coutume existe à l'heure présente avec le plus d'intensité (0,80). Or, ces chiffres correspondent, comme le montre une autre colonne, à 1,08 et 2,48 pour 100 naissances, alors que la moyenne, pour la France *rurale*, des *Grossesses illégitimes* est de 4,45 0/0 (Bertillon).

A mesure qu'on s'éloigne de l'île de Mont,

le nombre des enfants naturels augmente.

En effet, pour l'ex-îlot de Sallertaine, nous avons 0,60 ; ce qui correspond en réalité au chiffre de 2,10, plus bas que celui de la Barre. A Saint-Hilaire-de-Riez, nous montons, avec 0,933, à 2,60. A l'île d'Yeu, nous atteignons 1,26 : ce qui donne 4,35 0/0. Chose curieuse, à Notre-Dame-de-Riez, nous avons jusqu'à 5,64 0/0 ; c'est dire que nous nous rapprochons singulièrement de la moyenne *générale* de la France (7,80) ; mais il doit y avoir là, soit une erreur de chiffre, soit une influence locale (1), pouvant correspondre à la rigueur à la période d'années considérée, car ce chiffre me paraît trop élevé, *à priori* du moins.

Mon compatriote Léon Dubreuil, licencié ès-lettres, dans un ouvrage très récent (2), a consacré un paragraphe aux *enfants naturels* de Bouin. Il dit à ce propos « Les enfants naturels sont assez rares à Bouin... Ce n'est pas que la « chute » n'ait *souvent* précédé le mariage; mais, presque toujours à temps, une *union* vient régulariser la situation ! » C'est affirmer l'existence du *Maraichinage* à Bouin, n'est-il pas vrai ? — Mais l'auteur ne donne que des renseignements *historiques* (de

(1) Cette influence ne pourrait être que le voisinage de Saint-Gilles-Croix-de-Vie, port de mer et ville assez importante.

(2) L. Dubreuil. *Monographie de la commune de Bouin* (Vendée), Sancerre, Pigelet, in-8°, 1905, p. 39.

1736 à 1798); c'est là d'ailleurs une statistique fort curieuse, qui montre que les enfants naturels étaient alors *plus rares encore* que maintenant à Bouin.

Il ajoute que les proportions d'illégitimités indiquées se sont maintenues durant la plus grande partie du XIXe siècle, sans d'ailleurs donner de chiffres précis, comme je le fais plus haut (1) pour la période 1892-1902, d'après une statistique personnelle, qui prouve au demeurant que les enfants naturels sont en réalité plus fréquents que l'indique M. L. Dubreuil (2).

Dans le Bocage, notre moyenne, obtenue avec des chiffres fort disparates, n'a pas grande valeur (3). Mais elle est cependant de 2,20, c'est-à-dire un peu supérieure à celle de l'île de Mont, qui est de 2,00 environ, et à peine inférieure à celle du reste de cette contrée.

On ne peut pas certes conclure de là, malgré les chiffres, que le Maraichinage diminue, dans l'île de Mont, le nombre des enfants naturels. Mais je dois remarquer, dès maintenant, qu'*il ne l'augmente pas*, là du moins où il bat son plein ; et, par conséquent, les rap-

(1) Voir tableau, I, p. 126.

(2) Bouin, sur 2.600 h., n'a guère d'ailleurs qu'une population de 1.300 personnes habitant le Marais, c'est-à-dire hors du bourg (Dubreuil, *loc. cit.*, p. 116).

(3) Au Fenouiller, en effet, le chiffre nous paraît également trop élevé ; mais il faut songer, là aussi, au voisinage de Saint-Gilles-sur-Vie.

prochements génitaux, qu'il occasionne avant le mariage et qui sont suivis de fécondation, n'ont en somme qu'une conséquence : celle de *faire activer les mariages*, de faire avancer leur époque, et partant de faire augmenter le nombre de ces derniers : ce que j'avais déjà affirmé, grâce aux chiffres précédemment étudiés.

Tout concorde donc ; et c'est là encore une nouvelle preuve de la valeur et de l'intérêt des statistiques que j'ai fait établir.

Il faut de plus remarquer que la *Vendée*, comme moyenne d'ensemble (2,30 environ), est bien inférieure au chiffre de 4,45, donné pour la France *rurale*.

4° *Enfants nés avant 9 mois de mariage*. La colonne qui indique la proportion des *premiers accouchements*, survenant *avant 9 mois de mariage*, pour 100 naissances, est celle qui traduit aux yeux, de la façon la plus nette possible, dans l'état actuel de nos possibilités statistiques, le fait, pour les jeunes filles du Marais, de se *marier enceintes*. Elle est de même très caractéristique, et donne des chiffres presque tout à fait concordants.

On constate, en effet, que le *maximum* est obtenu à la Barre-de-Mont avec 6,85 0/0 ; or, précisément, c'est là que la coutume du Maraichinage paraît s'accompagner le plus souvent aujourd'hui de rapprochements génitaux !

Puis vient N.-D.-de-Mont, avec 6,50 0/0, qui est la proportion qu'on peut considérer comme normale. Cela correspond, en réalité, à 7 naissances avant 9 mois sur 100, prises au hasard dans toutes les circonstances.

Mais, dès que nous sortons de l'île de Mont, les chiffres baissent ; cependant ils sont encore élevés dans les anciennes îles voisines. Dans l'île de Sion, on a 5,60 0/0, et à l'île d'Yeu 5,50 0/0. A Riez même, on atteint 7,06, en raison de la petitesse de la commune !

On ne tombe à la moyenne du Bocage, c'est-à-dire à 1,86 0/0 (deux naissances), que sur les rives les plus éloignées du Marais, à Commequiers, par exemple.

De plus, comme il y a moins de mariages dans le Bocage que dans le Marais, ainsi que le prouve une autre colonne de ces tableaux [7,704 au lieu de 7,954], il en résulte que le nombre des femmes qui se marient enceintes dans le Marais est, en réalité, un peu plus élevé encore, soit d'1/32 environ.

Les tableaux semblent montrer en outre qu'il y a une réelle corrélation entre les enfants nés avant 9 mois de mariage et les enfants naturels, c'est-à-dire entre ces derniers et les mariages de filles enceintes. En effet, à la Barre-de-Mont, en 1901, où, sur 13 mariages, il y a 7 enfants avant 9 mois, il n'y a pas eu d'enfants naturels ! Mais nous croyons inutile d'insister sur ce balancement, car de trop nombreuses critiques pourraient être adressées à cette manière de raisonner, en raison de la petitesse des chiffres utilisés pour une telle discussion.

Ces réflexions statistiques, tout à fait neuves, sont évidemment des plus intéressantes. Elles prouvent d'abord qu'en somme la proportion des *premiers accouchements avant 9 mois* est relativement peu considérable, par rapport à la *totalité des naissances* annuelles : ce qui était évidemment à prévoir ! Mais elles démontrent, d'autre part, que l'influence du Maraîchinage est *réelle*, puisque cette proportion varie, de façon assez notable, suivant les communes du pays de Mont (et par suite les régions naturelles), et augmente dans les parties de la contrée où la coutume étudiée est elle-même plus vivace à l'époque actuelle.

Et, quant on la compare avec celle du Boçage, elle est alors bien plus démonstrative. Là, en effet, les chiffres exprimant ce qui se passe dans le Bocage et sur sa lisière, c'est-à-dire du côté du Marais, la proportion tombe tout à coup de 6,50 0/0 à 2,5 0/0, c'est-à-dire de plus de moitié, et de très près des 2/3 !

Ce qui revient à dire que l'influence du Maraichinage est absolument manifeste et indéniable, et qu'elle trouble, d'une façon relativement considérable, la proportion des naissances avant 9 mois de mariage, c'est-à-dire des *Grossesses prématurées* au point de vue social, pour les communes du Marais et du Bocage, placées en regard les unes des autres.

En rapprochant, enfin, la colonne des premiers enfants nés avant 9 mois de mariage de celle des mariages, on obtient, d'autre part, des résultats un peu plus précis encore. En effet, la moyenne générale étant de 2 pour 8 mariages (soit 25 pour 100) dans l'*Ile de Mont*, on peut affirmer que, dans tout le *Marais de Mont*, on a au moins 1 enfant né avant 9 mois pour 4 mariages.

Ce qui revient à dire que 1 jeune fille sur

III. — Comparaison du nombre des Enfants naturels et des Enfants nés avant neuf mois de mariage, pour 100 naissances.

RÉGIONS	COMMUNES	(A) ENFANTS nés avant 9 mois	(B) ENFANTS naturels	(C) NAISSANCES irrégulières Totalité	(D) Différ.	(E) Rapport	OBSERVATIONS
Ancienne Ile de Mont	La Barre-de-Mont . . .	6,85	2,48	9,33	4,37	2,76	Origine celtique.
	N.-D.-de-Mont	6,50	1,08	7,58	5,42	6 »	Centre moyen-âgeux.
	S.-J.-de-Mont	1,70	1,90	3,60	— 0,20	1 » presque	*Grande commune* : Métropole.
Iles actuelles	Ile d'Yeu.	6,50	4,35	9,85	1,15	1,30	Isolée dès l'époque romaine.
	Noirmoutier (1)	3,35	1,70	5,05	1,65	2 »	Isolée depuis l'époque romaine.
Anciens Ilots	N.-D.-de-Riez	7,06	5,64	12,70	1,42	5 »	*Très petite comm.* } Ilots soudés au Moyen-Age au continent.
	St-H.-de-Riez.	5,60	2,60	8,20	3 »	2,15	*Grande commune* }
Rives du pays de Mont	Bois-de-Cené (2). . . .	3,30	1,25	4,55	2,05	2,70	Mi-Bocage.
	Soullans	2,60	1,07	3,67	1,53	1,70	*Grande commune* : Mi-Bocage.
	St-Gervais	2,75	2,02	4,77	0,73	1,30	Mi-Bocage.
	Commequiers	2 »	2,40	4,40	— 0,10	1 » presque	Bocage ; Maraichinage rare.
Anciens ilots, rapidement soudés	Sallertaine	2,60 (3)	2,10	4,70	0,50	1,20	Mi-Bocage.
	Le Perrier	2,15	2,15	4,30	»	1 »	Influence de mesures administratives (1880).
Ancien ilot resté longtemps isolé	Bouin (4).	1,10	1,90	3 »	— 0,80	négatif	*Maraichinage* peu fréquent.
Bocage	Le Fenouiller	2,50	4,09	6,59	— 1,91	négatif	
	Apremont (gallo-romain). .	2,50	1,47	3,97	1,03	1,60	*Maraichinage* inconnu.

(1) Le Maraichinage a atteint avant son isolement l'île de Noirmoutier, soudée au continent encore à l'époque romaine, soit par Sallertaine et le cap de Beauvoir (si le point de réunion était à cet endroit : ce qui paraît probable), soit au niveau de Barre-de-Mont, parce qu'elle était alors réunie à l'île de Mont (ce qui n'est pas démontré, mais possible).

(2) Il ne faut pas s'étonner de voir le Maraichinage étendre son action (à en juger par ses conséquences) à Bois-de-Cené, tandis qu'en face, à Bouin, il était bien moins pratiqué.

En effet, à l'époque romaine, Bois-de-Cené était *rivage* maritime, et était situé sur la côte nord du cap de Beauvoir. Dès que ses marécages ont été habités, *Bouin restant toujours très isolé* au large, la coutume, venue de la Barre-de-Mont (par Beauvoir) après isolement de Noirmoutier, s'est propagée jusqu'au fond de l'ancien golfe de Châteauneuf.

C'est par ce même mécanisme que le Maraichinage a atteint Saint-Urbain (par Sallertaine), Challans (par Le Perrier), Soullans (par Le Perrier et Riez), etc.

(3) Le chiffre de 2,60 est peu élevé pour Sallertaine ; mais il faut remarquer que cette commune comprend une partie de *Bocage* sur le cap de Beauvoir. Ce qui explique que son coefficient est voisin de celui de Soullans (2,70).

(4) Bouin, étant donné ces chiffres, quoique actuellement situé sur le bord du marais breton, ne paraît pas faire partie de la région où florit le Maraichinage : ce qui n'a rien d'extraordinaire, puisque l'on n'est plus dans le Pays de Mont.

D'ailleurs Léon Dubreuil, un enfant du pays, a indiqué d'une autre façon ce fait très remarquable (*Loc. cit.*, p. 11). Il a dit : « Un fait à noter, c'est que les habitants de Beauvoir, de Sallertaine, de Challans, portent couramment le nom de *Maraichins*, tandis qu'à Bouin il est bien rare de les entendre appeler ainsi. » — Il a eu raison d'ajouter qu'en effet le *Marais Salé* de Bouin est bien différent du *Marais Doux*, « couvert presque totalement en hiver par les eaux sur lesquelles naviguent les « Maraichins » !

La géologie explique d'ailleurs, à mon avis, l'anomalie citée, qui n'est qu'apparente. D'après mes recherches personnelles, Bouin, *ancienne île* très isolée et ville plutôt que campagne, n'a pas eu, en effet, beaucoup de rapports avec la région du golfe de Mont, à l'époque *romaine* ; car elle était alors assez éloignée du rivage, correspondant à ce moment à Bois-de-Cené (partie Bocage). Le Maraichinage n'y a pénétré que plus récemment, grâce aux atterrissements modernes.

Bouin était *terre*, par contre, à l'époque mégalithique (Coupelasse, Le Murier, La Folie ; Rochebonnet, au voisinage, etc.) ; elle n'a été isolée qu'au début de l'époque romaine et antérieurement au VIe siècle de façon certaine (document historique), à la suite de l'effondrement de la baie de Bourgneuf (dolmens submergés), qui en ce point eut lieu peut-être plus tôt qu'à Noirmoutier.

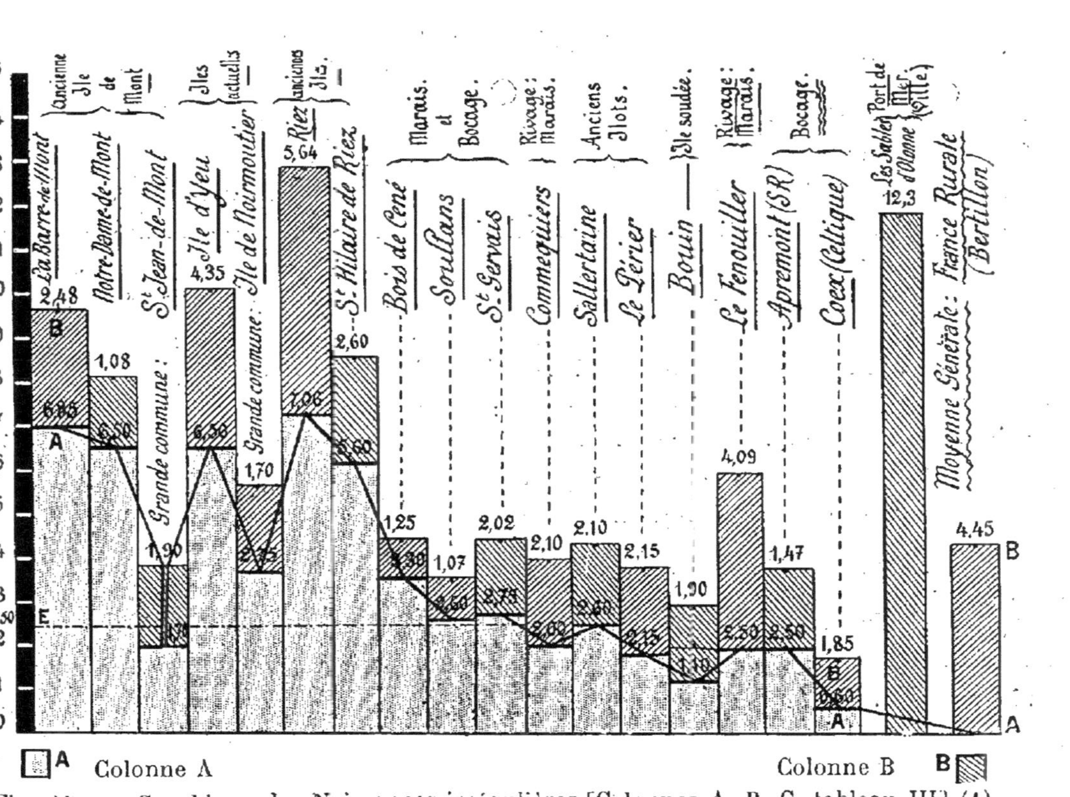

Fig. 45. — Graphique des Naissances irrégulières [Colonnes A, B, C, tableau III] (1).

NAISSANCES IRRÉGULIÈRES (*Explication des teintes*)

A. — *Naissances prématurées* [*avant 9 mois de mariage*, lors de 1re grossesse]. pour 100 naissances.

B. — *Naissances illégitimes*, pour 100 naissances (2).

---

(1) *Ensemble du Marais du Mont. 100 naissances :* = 3,3 × Moyenne annuelle par 1.000 h. environ (30). Or, moyenne annuelle des mariages par 1.000 h. = 8 ; donc : 8 × 3.3 = 26.4 } 27 Mariages

Or, moyenne des *naissances prématurées* = 7, Marais de Mont.

Donc, une naissance prématurée pour $\frac{27}{7}$ = 4,00 mariages.— Rapport = 1 sur 4 ; soit 25 0/0.

(2) Nous avons ajouté à ce tableau une colonne pour les *Sables-d'Olonne*, port de mer et ville la plus importante de la contrée, pour montrer le chiffre d'*enfants naturels*, qu'on observe dans cette agglomération, aux mœurs très spéciales, très libres, et bien connues, mais tout à fait différentes de celle du Marais de Mont.

On voit qu'on arrive au nombre, très considérable, de 12.3 pour l'année 1904, prise comme exemple ! — Il dépasse de beaucoup toutes les moyennes connues !

Il faut ajouter que d'ailleurs aux Sables-d'Olonne les mariages sont un peu plus fréquents que dans les autres villes. — En 1904, 99 mariages pour 12.000 habitants environ : soit 8,25 0/0, alors que la moyenne de la France n'est que de 7,60 seulement !

4 se marie enceinte dans ce pays : soit une proportion de 25 0/0 !

***

IV. *Etude spéciale des naissances.* — 1° *Ensemble du pays.* — Pour montrer, de manière encore plus saisissante, la nouveauté de ces données, je les ai groupées de façon différente dans un IIIe Tableau et dans le graphique de la *Figure 15 plus démonstratif encore*, qui donnent de suite une idée des plus nettes de l'influence du Maraichinage *sur les différentes formes de Natalité*, et par conséquent de son intérêt *social.*

Maraichinage et Grossesse. — La colonne C de ce tableau III est celle qui donne la meilleure idée de l'*influence du Maraichinage sur les formes de la Natalité*, et par conséquent répond le mieux au titre même de ce chapitre. Elle indique, en effet, la totalité des *Naïssances irrégulières*, qu'il s'agisse d'enfants naturels ou d'enfants nés avant 9 mois de mariage, et peut servir, dans une certaine mesure, à fixer les idées sur la *fréquence du coït* au cours du Maraichinage.

Certes, ces chiffres (1) n'indiquent rien, en

(1) Voir le graphique, p. 160.

ce qui concerne le nombre exact des couples ayant des *rapports sexuels*, car, évidemment, nombre de ces rapports ne sont pas suivis de grossesse; mais ils signalent les communes où les rapprochements sont *le plus fréquents*, au moins à l'époque actuelle!

Il faut conclure de là que, dans l'île de Mont, la Barre-de-Mont tient la tête (1), avec 9,33; puis vient N.-D.-de-Mont avec 7,58. En outre, nous citerons les deux communes de Riez, dont l'une atteint le chiffre énorme de 12,70, et l'île d'Yeu avec 9,85.

a) *Grossesse et Mariage* (*Grossesse prématurée*). — La colonne A montre quels sont les endroits où il y a le plus de mariages de jeunes filles devenues enceintes. Elle prouve, comme je l'ai dit, que c'est dans les centres où le Maraichinage est le plus en vigueur qu'il y a le plus de mariages dans ces condi-

(1) L'importance de ce chiffre nous a suggéré l'idée que la Barre, village sûrement d'origine celtique, et ancien *port* évidèmment, était peut-être plus ancien que Notre-Dame-de-Mont; et que c'était sans doute le point réel d'arrivée en Vendée de la coutume du Maraichinage. Mais ce n'est qu'une hypothèse, qui sera peut-être controuvée par les trouvailles préhistoriques de l'avenir.

tions (cela est indiqué par la proportion des enfants nés avant 9 mois pour 100 naissances).

C'est l'île d'Yeu, qui, à ce point de vue, vient immédiatement après la Barre-de-Mont (6,85), N.-D.-de-Mont, et Saint-Hilaire-de-Riez, Notre-Dame-de-Riez atteignant le maximum avec 7,06.

Elle est suivie par Noirmoutier et Bois-de-Cené, mais à une notable distance : ce qui s'explique facilement.

Si l'on compare les chiffres de cette colonne avec ceux de la *moyenne des Mariages*, on a des résultats intéressants, quoique cette dernière moyenne n'oscille guère qu'entre 8,45 et 7,45. Qu'il suffise de remarquer (ce qui était facile à prévoir) qu'il y a un rapport manifeste entre eux, d'après un autre de nos tableaux.

On a, par exemple :

La Barre-de-Mont : 8,466 mariages et 2,20 mariages après grossesse.

Saint-Hilaire-de-Riez : 8,433 mariages et 2,00 mariages après grossesse.

Notre-Dame-de-Mont : 7,82 mariages et 2,03 mariages après grossesse.

b) Grossesse et Abandon (Grossesse illégi-

time). — C'est dans les communes du pays de Mont où le Maraichinage est le plus typique que les enfants naturels (colonne B) sont en nombre le plus restreint. Le fait est très net pour Notre-Dame-de-Mont (1,08), par exemple.

Toutefois, toutes proportions gardées, il nous paraît toujours plus élevé dans les *communes à nombreux habitants* que dans les *petites* : ce qui est l'indice d'une réelle cause d'erreur et met ici bien en relief les critiques de Bertillon sur la façon de faire ces statistiques par rapport au nombre d'habitants, au lieu de calculer d'après le nombre des seuls habitants susceptibles d'avoir des enfants ! Le fait apparaît surtout pour Saint-Hilaire de-Riez (3.000 h.) et Saint-Jean-de-Mont (4.500 h.), où le Maraichinage est très en honneur, et où l'on atteint 2,60 et 1,90.

Au point de vue absolu, il ne faudrait pourtant pas en conclure que le Maraichinage *diminue* réellement le nombre des enfants naturels. La comparaison des chiffres ci-dessus avec ceux du Bocage vendéen montre seulement, comme je l'ai signalé, qu'il *ne l'élève pas*. — Ce qui revient à dire qu'il n'a *aucune espèce d'action démoralisatrice*.

c) Comparaison des Grossesses prématurées et illégitimes (Mariage et Abandon des femmes enceintes. — Les colonnes D et E sont celles qui donnent vraiment une idée de la *Moralité*, si l'on peut ainsi parler, de la coutume du Maraichinage ; et elles montrent que c'est à N.-D. de Mont que celle-ci a conservé son caractère le plus typique, c'est-à-dire le plus antique, parce que c'est là où la *différence* est la plus élevée entre les colonnes A et B.

La colonne D indique, par ses nombres *positifs*, les communes où les enfants nés avant 9 mois de mariage l'emportent sur les enfants naturels, et où par conséquent le Maraichinage a un réel effet *moralisateur* (mariage des femmes enceintes).

Les nombres *négatifs* signalent les communes où la coutume, très atténuée d'ailleurs, a perdu son véritable caractère au point de vue de ses effets sociaux, et où son influence disparaît devant des mœurs critiquables (abandon des femmes enceintes).

Il y a, bien entendu, comme il fallait s'y attendre, égalité dans certaines bourgades, formant transition (Le Perrier, Saint-Jean-de-Mont, Commequiers, etc.).

La colonne E exprime, sous une autre

forme, les mêmes faits ; elle donne le *rapport*, au lieu de la *différence*, entre les deux éléments étudiés : ce qui permet de fixer les idées d'une autre façon.

Le graphique (Fig. 15), qui reproduit en partie le tableau III, traduit encore mieux aux yeux les résultats notés dans la colonne C de ce tableau III, en ce qui concerne toutes les *naissances irrégulières*. Sa lecture étant très aisée, je n'y insiste pas.

2° *Commune prise pour type.* — Tout ce que je viens de relater prouve définitivement l'importance et l'intérêt social et sexuel de cette coutume du Maraichinage, qui, jusqu'ici, n'avait pas encore été scientifiquement étudiée.

Mais les remarques précédentes, basées sur les seuls *chiffres d'ensemble* que j'ai pu obtenir des mairies, sans courir le risque de trop m'égarer et d'utiliser des statistiques discutables par suite d'un défaut d'homogénéité et de bases non comparables, ne sont cependant pas encore assez poussées pour donner une idée vraie de l'influence profonde du Maraichinage.

En effet, la suivante, il est vrai la seule de cette espèce que j'ai pu dresser jusqu'à présent dans l'une des principales communes du pays de Mont, montrera, encore bien mieux et de façon plus frappante, le retentissement de la coutume sur la forme de la natalité que le *premier accouchement* [Voir tableau n° IV].

En effet, on observe, sur le tableau de cette commune de 1500 habitants, les chiffres de 33 premières naissances avant 9 mois, pour un total de 98 premières naissances, en dix années, soit une moyenne annuelle de 3,3 naissances (*trois*) pour 9,88 naissances (*neuf*), ou 3/9 = 1/3. Dans cette bourgade, où le Maraichinage bat son plein, encore à l'heure actuelle, il y aurait donc, en réalité, d'après cette statistique, *une* jeune fille sur *trois* qui se marierait enceinte. Pour ne pas forcer à plaisir les chiffres, j'ai éliminé d'ailleurs de mes calculs les mariages ayant quitté la commune dans l'année ; mais je tiens à faire remarquer que cette élimination n'a fait que diminuer le chiffre des naissances avant 9 mois, et que par conséquent ce rapport de 1/3 est en somme plutôt au-dessous de la vérité.

Or, si l'on veut bien comparer ce rapport de 1/3 avec le rapport qui existe entre les com-

IV. — Commune de la Barre-de-Mont.

ANNÉES	MARIAGES de l'année — TOTALITÉ	MARIAGES DE L'ANNÉE		MARIAGES DE L'ANNÉE AYANT EU UN ENFANT		
		sortis de la commune et non observés	n'ayant pas donné d'enfants cette année	TOTALITÉ	1er enfant avant 9 mois	1er enfant après 9 mois
1893	11	2	0	9	2	7
1894	9	0	2	7	1	6
1895	17	1	2	14	5	9
1896	6	2	1	3	0	3
1897	18	1	3	14	4	10
1898	12	1	3	8	3	5
1899	16	1	2	13	2	11
1900	17	4	0	13	5	8
1901	13	0	3	10	7	3
1902	8	0	1	7	4	3
Totaux : 10 ans	127	12	17	98	33	65
Moyenne annuelle ramenée à 1.000 habitants.	8,466	0,800	1,066	6,533	2,200	4,333

munes du Bocage et de tout le Marais de Mont, en ce qui concerne la proportion des premiers accouchements avant 9 mois pour 100 naissances, on verra qu'on obtient en moyenne, celui-ci : 2,5/6,5 [c'est à peu près 1/3 également], et que par suite il y a presque parité.

Cette concordance veut dire que, dans presque toutes les communes du Marais de Mont, où le Maraichinage existe, il se passe le même fait, à savoir qu'en général il y a, là aussi, comme dans la commune prise pour type et dont la statistique a été très fouillée, une jeune fille sur trois ou quatre (comme un calcul précédent l'avait fait pressentir) qui se marie *enceinte !*

V. Etude spéciale de la fréquence des rapprochements génitaux avant le mariage. — Dans la seconde édition de notre brochure sur le *Maraichinage* (1), aujourd'hui épuisée,

(1) Marcel Baudouin. *Le Maraichinage : Coutume du Pays de Mont (Vendée).* — Paris, Inst. de Bibl., 2e édition, 1904, in-16o, 8 figures, 148 pages.

nous n'avons pas voulu, sur certains points, pour des raisons particulières, pousser trop loin l'étude des chiffres de certaines de nos statistiques. Aujourd'hui, nous n'avons plus les mêmes raisons de garder un silence que nous considérions au début comme prudent; et nous allons compléter par quelques réflexions nouvelles, en particulier, la statistique détaillée donnée pour la commune de la Barre-de-Mont, statistique que nous avons disséquée d'une façon toute spéciale.

Et cette commune va nous servir d'abord à établir, chiffres en main, que, contrairement à ce que beaucoup croyaient, le *Maraichinage type*, c'est-à-dire envisagé seulement comme *coutume ethnique*, y aboutit forcément aujourd'hui, presque dans la moitié des cas, à des *rapprochements sexuels*, et qu'on ne se contente plus désormais des *rapprochements bucco-linguaux*, si tant est qu'autrefois il en ait été ainsi : ce dont nous nous permettons de douter, croyant connaître la nature humaine !

***

Prenons donc, pour étudier cette question,

cette seule commune de la Barre-de-Mont.

L'influence du Maraîchinage sur le nombre des *rapprochements génitaux avant le mariage* y est vraiment considérable, et très grande en réalité, si l'on veut bien distinguer avec soin les chiffres donnés par le tableau statistique publié, et non plus les prendre bruts, comme nous l'avons fait d'abord et à dessein.

En effet, puisque, pour dix ans et pour 98 naissances, nous avons 65 naissances après neuf mois de mariage et 33 naissances avant neuf mois, cela indique nettement que, dans cette commune au moins, *une fille* sur trois se marie *enceinte*, quand elle est du moins susceptible de devenir *grosse* : soit déjà 33 0/0 de rapprochements sexuels avant la noce.

Comme, de par le fait de la femme ou celui de son galant, 17 mariages restent *stériles* sur 115 [127—12 = 115 (1); soit 15 0/0, moyenne classique d'ailleurs pour la stérilité des mariages], il faut ajouter, aux 33 0/0 notés plus haut pour les *rapprochements sexuels* dans le

(1) En effet, il faut retrancher du chiffre total 127 les 12 mariages non observés.

cas de *mariages féconds*, 33 0/0 de ces *mariages stériles* au moins, soit 15/3 0/0, c'est-à-dire 5,00 0/0, si l'on veut être juste. — Ce qui donne déjà : 33 + 5 = 38 0/0 !

Mais ce n'est pas tout. Il faut aussi compter, toujours pour évaluer le *nombre vrai* des rapprochements sexuels avant la noce, 33 0/0 des *mariages non suivis* ; c'est-à-dire 1/3 pour 12, soit environ encore 4 0/0. — On a donc : 38 + 4 = 42 0/0, en totalité.

Ce qui revient à affirmer qu'en réalité, à la Barre-de-Mont, *plus d'une jeune fille* sur *trois* qui se marient a des rapprochements génitaux avant le mariage.

Et, statistiquement parlant, cela veut dire en somme, — puisqu'une jeune fille ne peut pas être *coupée en deux !* — que deux jeunes filles sur trois qui se marient ne sont en réalité plus vierges lors de la noce ! — Autrement dit, et c'est la seule conclusion à tirer de ces recherches, environ la moitié des filles qui se marient dans cette localité ont eu des rapprochements génitaux, avant d'aller devant M. le Maire. — C'était là, on le voit, une donnée fort importante à noter.

M. le Pr Debove aurait donc pu dire, dans la spirituelle notice qu'il a bien voulu lire à l'*Académie de Médecine* sur notre travail (1), notice que nous avons reproduite dans l'introduction de cette troisième édition, que le *Cataglottisme* de race dont nous parlons renseigne, en pratique, très bien les époux futurs, non seulement sur la valeur sensorielle de leurs *muqueuses bucco-linguales*, mais aussi sur les sensations que leur donnera, pendant le mariage, le contact des *muqueuses génitales*, cela grâce à un acte « complémentaire », qu'il est en somme bien difficile d'éviter en l'occurrence !

Mais il ne faudrait pas croire que l'addition de cet acte est constante. Il y a des communes où il est rare, même dans le Marais de Mont, ainsi que le font pressentir certaines de nos statistiques elles-mêmes, quoiqu'elles ne puissent, dans l'état actuel de nos connaissances, nous indiquer vraiment la fréquence relative des rapprochements génitaux avant le mariage. Pour ce fait d'ailleurs, comme pour bien d'autres, il y a un maximum et un minimum, avec toutes les phases intermédiaires.

Certes, on pourrait presque arriver à trouver, par la comparaison des chiffres des nais-

(1) *Bulletin de l'Académie de Médecine*, Paris, 1904, p. 610-611.

sances avant neuf mois, dans quelle proportion les rapprochements sexuels ont lieu à Notre-Dame-de-Mont, ou ailleurs par exemple; mais cette recherche, basée non sur des faits observés, mais seulement sur des raisonnements, n'aurait en réalité qu'une valeur bien médiocre (1). Nous préférons nous en abstenir, jusqu'au jour où nous pourrons exécuter, pour les autres communes du pays, des relevés identiques à ceux faits à la Barre-de-Mont.

VI. *Conclusions*. — Cette proportion considérable, qui ne manquera pas d'effrayer les moralistes, serait, certes, en effet, des plus regrettables, si la même coutume ne venait contrebalancer, comme nous l'avons prouvé, le total des *naissances illégitimes*, dites à l'heure présente *immorales*, en raison de la forme de la Société actuelle, basée sur le mariage civil, seul légal.

(1) Avec les autres tableaux publiés déjà, nous ne pouvons pas étudier le même phénomène dans les autres communes du Pays de Mont, car ces statistiques ne nous donnent que des chiffres *bruts*, qui ne peuvent rien fournir de plus que ce que nous en avons précédemment extrait.

Comme le Maraichinage a une action réelle et assez considérable parfois sur ces naissances, force est bien de reconnaître qu'en pratique il les diminue, et que, par suite, il exerce une sorte d'action bienfaisante, en général évidemment légère, mais indiscutable, sur la Moralité publique. Par suite, cette coutume est en somme, *scientifiquement* parlant, bien plus moralisatrice qu'on ne pouvait le croire au premier abord !

Elle contribue de la sorte à faire passer dans les mœurs l'habitude pour les jeunes gens d'épouser les jeunes filles qu'ils ont rendues mères, au lieu de les abandonner ; et elle a permis de résoudre, dans ce pays, et dans une certaine mesure tout au moins, le problème de la recherche de la paternité, sans aucune espèce d'intervention administrative et sans la moindre législation coercitive.

A mon avis, cet avantage *social* est assez important pour qu'il doive faire pardonner à toute cette population les rapprochements génitaux spontanés, le coït avant la lettre, cet essai sexuel avant la noce, désormais exceptionnel au demeurant (car le fait n'est pas général (comme le prouvent les chiffres des naissances avant 9 mois), ces sortes de *soirées d'épreuves* (1) *en plein air* (soit dit par rapprochement avec ce que les érudits connaissent sous le nom de *nuits d'épreuves*), d'autant plus que les Maraichins du pays de Mont ne sont pas les seuls cultivateurs de France à y recourir, ainsi que nous l'avons rappelé !

Ils mettent de plus tant de poésie autour de l'acte nécessaire à la persistance de l'espèce; ils manifestent tant de naïveté dans les préliminaires qui doivent l'amener ; ils essaient

(1) Mon collègue M. le Dr P. Coulhon (de Montluçon), ancien interne des hôpitaux de Paris, a publié récemment dans le *Concours médical* (1904, 16 avril, p. 242-245), sous le titre : *Une épreuve avant la lettre*, un feuilleton qui doit être rapproché de notre étude : « C'est, dit-il, le récit d'un essai loyal, d'une expérience préparatoire, d'un prélude, d'un lever de rideau. » En réalité, c'est l'histoire d'une *Grossesse libre*, mais aussi d'un *Avortement plus ou moins spontané*, AVANT LE MARIAGE, tel qu'il y en a tant dans la classe bourgeoise !

Or, l'AVORTEMENT, après grossesse libre, est presque *inconnu* dans le Marais vendéen. Mais c'est là un sujet que je ne puis aborder dans ce travail, n'ayant pas encore réuni les éléments nécessaires pour le mener à bien. Je ne publierai mes notes sur ce point qu'après enquête détaillée auprès des médecins de la région.

même de masquer, sous des dehors si affinés et si artistiques, les rapprochements toujours brutaux des sexes différents, qu'il faut plutôt savoir gré à ces descendants d'anciens Romains dépaysés d'avoir importé sur les côtes de France une coutume si poétique et si féconde ! — Toutefois le chapitre qui va suivre montrera qu'en Vendée on n'a pas toujours pensé de la sorte.....

CHAPITRE VII

LUTTE CONTRE LA COUTUME

Religion. — On prétend, en effet, que, de tout temps, le *Clergé catholique;* dont la puissance (1) est si redoutable en cette patrie des soldats de Charette, a essayé de combattre cette habitude. Mais, à mon avis, la lutte n'a jamais, à dessein, dû être menée très vigoureusement. Les prêtres (2) savent très bien que, pour régner sur terre, il ne faut pas

(1) On m'a répété plusieurs fois qu'un évêque de Luçon, Mgr Catteau, avait lancé des mandements contre le Maraichinage; mais on n'a jamais pu m'en procurer le texte.

(2) Au cours de mon enquête, on m'a, de tous côtés, répondu : « Si vous voulez être bien renseigné sur le Maraichinage, adressez-vous aux jeunes vicaires ! »

En effet, par la confession, ils en apprennent souvent de roides ; et, comme cela doit les intéresser, ils retiennent beaucoup de ce qu'ils ont entendu !

chercher à enlever à la femme les plaisirs sans danger !

D'ailleurs, s'ils avaient tenté sérieusement (1) de stigmatiser cette coutume, ils auraient succombé à la peine ! Ce sont là des mœurs qu'on ne déracine pas ; il n'y a qu'à les laisser mourir de leur belle mort. Tout ce qui touche à l'Amour n'est-il pas au-dessus des Religions, surtout chez les peuples les plus primitifs, heureusement d'ailleurs pour l'avenir de l'Humanité ?

En tout cas, les Théologiens connaissent depuis longtemps la théorie de ce baiser spécial. Aussi bien leurs ouvrages classiques traitent-ils de *péché mortel* « le baiser de bouche à bouche, s'il se prolonge avec *délection* (c'est-à-dire sensation voluptueuse), et surtout si, comme dit Billuard, il est accompagné de l'introduction de la langue, ou *more columbino* » (2).

Erdna a écrit : « Du haut de la chaire chré-

(1) On m'a dit aussi que Richelieu s'était occupé du *Maraichinage*, sans doute quand il était évêque de Luçon. — Mais je n'ai rien encore pu découvrir à ce propos dans les historiens locaux.

(2) Reymond (H. C.). *Physiol. et Evol. de l'Amour sexuel*, etc. Paris, 1903, in-8°, p. 393.

tienne, les prêtres ont tonné contre cette coutume si contraire à la bienséance, recommandant à leurs ouailles *d'avoir toujours, dans leur maintien, la retenue, la décence et la sagesse de Rébecca.* » — Nous avons déjà dit que ce fut toujours peine perdue.

J'ai rappelé plus haut (1) la façon dont un curé du Marais avait voulu châtier de son *fouet* un couple qui maraichinait sur route ! Je n'y reviens pas.

Administration. — *a*) On raconte constamment en Vendée, d'autre part, qu'il y a une vingtaine d'années un Préfet du département eut l'idée de prendre un arrêté condamnant à l'amende tout couple surpris en train de Maraichiner ! Ça aurait été une grosse faute politique et sociale, car, aujourd'hui encore, tout le monde ferme les yeux.

Mais, en ce qui me concerne, j'ai toujours eu certains doutes sur l'existence réelle, et surtout sur la mise en pratique de ce prétendu arrêté, car je n'ai pas pu en retrouver le texte à la Préfecture de la Roche-sur-Yon.

D'ailleurs, pour m'assurer que mes recher-

(1) Voir page 38.

ches avaient été suffisantes, j'ai, en 1903, consulté le préfet actuel, lui-même, à ce sujet; et voici ce qu'a bien voulu m'écrire M. d'Auriac, érudit aussi avisé qu'administrateur prudent. « Je n'ai retrouvé aucun arrêté de mes prédécesseurs. J'aurais été étonné, d'ailleurs, qu'un Préfet ait cru devoir et pouvoir intervenir en pareil cas. Les actes en question tombent, en effet, sous le coup de la loi, qui punit les outrages publics à la pudeur, s'ils sont publics; mais, s'ils ne le sont pas, ils ne constituent ni crime, ni délit. Pour répondre à votre question, on m'a signalé une discussion du Conseil général de la Vendée du 26 août 1890, où il aurait été question du Maraichinage. Je l'ai sous les yeux; le mot n'y est pas prononcé; et, s'il y a allusion à la chose, cette allusion est bien voilée...

« Il paraît toutefois qu'un de mes prédécesseurs a pris un arrêté à ce sujet, à la date que vous indiquez (1880-1882). Mais cet arrêté ne fut pas inséré au Recueil (sans doute parce qu'il était dépourvu de toute sanction); et il n'en subsista que la minute, que certains ont vue au bureau du Cabinet. Un secrétaire-général, en partant, l'a emportée, comme curiosité! Je doute qu'on la retrouve jamais; mais vous pourriez demander, dans les diverses communes du Marais, si l'on en a souvenir, ou si même il y existe à l'état d'expédition. »

Voilà qui est net et clôt définitivement l'incident de l'arrêté préfectoral, signé, disait-on, par M. de Girardin, arrêté auquel semble toujours croire notre ami A. Barrau (1) et son compatriote Sarcel.

En effet, Sarcel a récemment écrit (2):

« Vers 1882 (?), le Préfet de la Vendée, M. le comte de Girardin, fit dresser, par la gendarmerie, des procès-verbaux aux couples qui maraichinaient dans les *chambres des auberges*. Des condamnations pour attentat à la pudeur furent même prononcées par un juge de paix des environs de Challans. Ces condamnations ne portèrent pas chance à ce magistrat, qui fut, quelques années plus tard, mis dans l'obligation de démissionner; il avait été surpris par des gendarmes en flagrant délit de... Maraichinage. »

Nous laissons, bien entendu, à l'auteur précité la responsabilité de ces affirmations, qui mériteraient d'être prouvées par des documents *manuscrits* ou *imprimés*.

Un de nos correspondants nous avait écrit

(1) *Interm. nantais, loc. cit.*
(2) *Interm. nantais*, 15 février 1904.

de son côté : « En 1880, quelques faits ayant été portés à la connaissance de l'administration, le Préfet de la Vendée avait pris un arrêté invitant les agents de l'autorité à verbaliser contre ceux qui maraichineraient en public. »

Mais, comme nous venons de le dire, la Préfecture de la Roche-sur-Yon ignore absolument aujourd'hui, au point de vue administratif, un fait dont toutes les traces ont d'ailleurs disparu !

b) Erdna a parlé du rôle des Municipalités et des maires à propos du Maraichinage.

« Un jour, dit-il, dans une sainte indignation, le Maire [de Challans] fit fouailler, comme des chiens, ceux qui encombraient si immodestement la voie publique. Ce mardi-là, le fouet du garde-champêtre fut le vengeur de la morale outragée ; mais il n'eût pas été bon de recommencer la même épreuve avec les têtes chaudes du Marais ! »

Inutile de dire que les maires de la Barre-de-Mont ont toujours ignoré le précédent créé par leur ancien collègue de Challans... Cela est vraiment de l'histoire trop ancienne !

L'ami A. Barrau m'écrivait récemment :

« J'ai assisté à une scène véritablement comique entre le préfet moraliste M. de Girardin (susnommé) et un paysan, maire d'une petite commune de notre Marais (Châteauneuf), qui reprochait à celui-là d'empêcher le maraichinage. J'en ai fait le sujet d'un article qui paraîtra dans mes *Contes Vendéens*. »

D'après le maraichin de St-Jean-de-Mont déjà cité, « la gendarmerie de Saint-Jean-de-Mont voulut intervenir, il y a une quinzaine d'années... ; mais les aubergistes lui jouaient le tour. Ils payaient une personne, qui les prévenait de l'arrivée de la police. Or, à ce moment, filles et garçons cessaient leurs embrassades et paraissaient causer sérieusement ; mais, après, que de joyeux ébats ! »

En tout cas, en juillet 1904, j'ai eu la preuve que certains maires du pays avaient pris jadis des arrêtés contre le Maraichinage. J'ai pu retrouver, en effet, le texte de l'un d'eux, datant de 1882, grâce à l'amabilité de mon excellent confrère, M. le Dr Guérin, de Saint-Jean-de-Mont, adjoint actuel de cette commune ; et je crois utile de le reproduire ici, pour l'édification de tous.

Le Maire de la commune de Saint-Jean-de-Mont, considérant que des jeunes gens et jeunes filles de la commune commettent des actes contraires à la morale et outragent la pudeur en se livrant au « Maraichinage » ; considérant en outre que ces actes ont lieu dans les cabarets et sont tolérés par les débitants ; ARRÊTE : Art. 1er. Le « Maraichinage » est interdit, tant sur la voie publique que dans les auberges et cabarets. — Art. 2. Les jeunes gens et jeunes filles qui s'y livreraient seraient passibles des peines portées à l'article 330 du Code pénal. — Art. 3. Les débitants qui le tolèreraient dans leur établissement seraient poursuivis comme receleurs. — Art. 4. La gendarmerie et le garde-champêtre de la commune sont chargés de l'exécution du présent arrêté.

Mairie de Saint-Jean-de-Mont, le 14 mai 1882.

Le maire : *Signé*, M. CAIVEAU.

Pour copie conforme,

En mairie de Saint-Jean-de-Mont, le 22 juillet 1904.

Pour le maire absent :

Le 1er adjoint, Dr GUÉRIN.

A noter surtout, dans le texte de cet arrêté, l'emploi du mot *Maraichinage*, devenu ainsi officiel !

c) On a essayé aussi, au dire d'Erdna, de poursuivre les délinquants devant les Juges de paix... pour *encombrement de la rue*, pour infractions aux arrêtés municipaux, etc. Et il paraît qu'aux greffes on pourrait retrouver des documents relatifs à ces procès !

De plus, on m'a signalé un procès-verbal,

qui aurait été dressé, en 1880, contre une jeune fille du Perrier et son amoureux. Une condamnation assez forte aurait été infligée aux coupables pour outrage public à la pudeur.

Et on prétend que c'est surtout depuis cette affaire que le Maraichinage se pratique à huis clos dans les auberges.

Ce qu'il y a de certain, c'est que les Maraichins payèrent les amendes imposées ; mais, les jours suivants, ils maraichinèrent à nouveau :

Chassez le naturel, il revient au galop!

C'est plutôt, à mon avis, le *service militaire* obligatoire, qui est la cause de la modification actuelle.

Les hommes, après avoir passé par le régiment, deviennent plus timides et plus respectueux des *lois modernes*.

Toujours d'après le même Erdna, des procès-verbaux auraient été dressés, d'autre part, à diverses époques, pour *outrages à la pudeur*, mais sans grand résultat, l'outrage à la pudeur n'étant pas suffisamment caractérisé.

En somme, l'Autorité, représentée ici par

la Religion et l'Administration, a dû battre en retraite. Ce n'est là que de la Justice, et de la bonne : « L'*Amour*, c'est la *Vie*; et « la Vie est plus forte que la Mort ! ». Et Michelet a dit : « Celui qui n'aime pas demeure dans la Mort ! »

CONCLUSIONS

Mais, si, en Vendée, on ne songe plus à prendre la moindre mesure contre le Maraîchinage, coutume ethnique, et avec raison à mon avis, il faut bien savoir qu'on a voulu en prendre contre le Baiser, aux Etats-Unis, à la suite des démarches de la fameuse Ligue antiosculatoire. Et Ch. Féré n'a pas hésité à avancer, au point de vue hygiénique, que le projet de loi formulé par le politicien de Virginie, M. Ware, « manifestait une crainte justifiée » ! Cela dit seulement pour excuser notre ancien préfet, au cas où l'on retrouverait un jour, dans nos Archives, le fameux arrêté, qui a fait tant rire les Vendéens, admirateurs reconnaissants de ce Rabelais, qui doit tant à leur département !

Concluons donc, — puisque, d'après Krafft

et Ch. Féré lui-même, tous les baisers inspirés par l'Amour méritent l'indulgence, — que le Maraichinage, toujours inspiré par un amour normal, est parfaitement honnête, car c'est une habitude générale qui ne froisse que les ignorants de l'amour ; et qu'il ne présente, au point de vue de la Moralité et de la Société, rien de dangereux, même en restant public, comme il l'a toujours été depuis de très longs siècles sans doute !

Cette conclusion, si risquée qu'elle puisse paraître, se terminera par une phrase d'Adolphe Belot :

« D'un baiser parfois dépend une *longue liaison*. S'il plait, on va plus loin ; s'il déplait, tout est fini ! »

C'est peut-être, en effet, à ce *Baiser préhistorique* du Maraichinage qu'il faut attribuer la *Solidité des Mariages*, au pays maraichin, car le *Divorce* est inconnu encore, malgré nos lois récentes, en ces contrées prospères ; voire même la bonne tenue des ménages, une fois les noces accomplies, en raison de la localisation de ce cataglottisme ethnique aux *seuls jeunes gens* à marier !

C'est, en effet, sous l'allure d'un *faux liber-*

tinage, un ESSAI, loyal de part et d'autre ; une EXPÉRIENCE, librement consentie, sans restriction sensuelle d'aucune sorte (1), et sans conséquences graves en général, au point de vue de la MORALE UTILITAIRE, même quand le fait est public et s'accompagne de rapprochements génitaux.

En présence de ces résultats, il est absolument certain qu'il est inutile de réserver désormais des foudres pour une coutume presque idyllique et d'une naïveté charmante, qui, d'ailleurs, sera morte bientôt, et sans doute avant cinquante ans. Et on ne trouvera peut-être alors rien pour la remplacer avec un avantage marqué !

(1) Encore un autre rapprochement entre les *Chinois* et les *Maraichins*. On sait, en effet, que le mariage après essai loyal est courant chez les Thais-Lus, race dominante en Chine. — D'ailleurs, il n'y a pas qu'en Vendée qu'on trouve cet *essai loyal*. Dans le Morvan, « pays de nourrices, *on essaye la femme avant de se marier*... Dès qu'elle devient grosse, on épouse et de suite » (*Caducée*). — De même dans certaines parties du Poitou (Dr Atgier). — Or, dans le marais de Mont, c'est exactement la même chose, mais sous une forme plus *poétique*, voire même plus *latine*, c'est-à-dire plus *civilisée !*

ADDENDUM

I. — POÉSIE MODERNE

Cette étude, que j'ai publiée tout d'abord dans la *Gazette médicale de Paris*, en 1904, m'a valu alors la lettre suivante. — On remarquera qu'elle est en jolis vers, pleins de fraîcheur, et très bien venus.

Malheureusement l'auteur ne s'est pas nommé ; je sais seulement que la lettre arrivait de Toulouse, et que l'*écriture* semblait être d'une main *féminine*. — J'ai appris depuis peu que le poète était *une jeune fille !*

Notre *Midi* est décidément terrible ; mais il a du bon. — D'ailleurs la Vendée est au *sud* de la Loire et a au moins une *flore* méridionale, en particulier sur les rivages du pays de Mont !

A M. Marcel Baudouin.

Il est, au Marais breton,
Un ancien usage,
Nommé, par un vieux dicton,
Le Maraichinage.

Deux par deux, fille et garçon
Chacun sa chacune,
S'en vont, les jours de pardon,
Le long de la dune.

Fuyant l'affreux cabaret
A la pièce close,
Ils préfèrent leur Marais
A l'aspect morose.

Lui, prend tendrement sa main,
Frôle son corsage,
S'apprête, le Maraichin,
Au Maraichinage.

Elle, porte un parapluie,
Suivant la coutume,
Pour préserver de la pluie
Son joli costume.

Ou plutôt pour abriter
Leur chaude tendresse,
Car l'hiver comme l'été
Le doux nid se dresse,

Ils s'assiéent sur le rebord
D'un fossé sauvage ;
Lui, se penche sur le bord
Du jeune visage.

Il embrasse vivement
La lèvre charmante,
Et un doux frémissement
Agite l'amante.

Elle, se livre, affolée,
A cette caresse ;
Qu'elle rend, à la volée,
Avec allégresse.

Alors, tous deux, s'enlaçant,
Lèvre contre lèvre,
Ils se baisent, en balbutiant,
Ivres de leur fièvre.

Il murmure : « Trouves-tu
La caresse bonne ? »
C'est à bouche que veux-tu
Que chacun s'en donne !

Leurs souffles sont confondus ;
Ils n'ont plus qu'une âme.
Ils sont, tous deux, éperdus,
Brûlés par leur flamme.

Il leur semble être engloutis
Dans la mer profonde,
Où ils se tiennent blottis,
Caressés par l'onde...

Mais voici la nuit venue
Avec les étoiles ;
Au loin la barque menue
Rentre à toutes voiles.

Il faut donc se séparer...
Adieu le beau rêve !
Il faudra se marier,
Afin qu'il s'achève.

Deux par deux, fille et garçon,
Chacun sa chacune,
S'en retournent du pardon,
Au clair de la lune !

J'ai cru bien faire, à défaut de poésie ancienne relative au *Maraichinage*, de donner celle-ci, en *Addendum*, pour montrer comment peut éclore, aujourd'hui, dans des esprits cultivés, la poésie populaire.

II. — TABLEAUX MODERNES.

Au salon de 1905, mon excellent ami et compatiote, M. Milcendeau, a envoyé, comme je l'ai indiqué déjà, trois pastels qui sont consacrés au *Maraichinage.*

D'après le *Petit Phare,* C. Milcendeau les aurait dénommés ainsi : L'*Entrée en matière ;* la *Conversation sentimentale,* et *Sous le parapluie.*

« C'est l'été. Le soleil flambe, caresse un groupe composé d'une jeune fille et d'un jeune gars; l'entrée en matière a lieu. Dans une tonalité d'ombre violette, projetée sur la jeune fille assise au pied d'un arbre, l'herbe, éclairée largement, montre le jeune homme, couché, dans la béatitude de la contemplation et le charme de la causerie; les lointains jaunes soulignent l'horizon bleu, encotonné par places. En plein air toujours, l'amoureux, adossé à un arbre, embrasse sa promise sous le parapluie. De visages, point; les taches des vêtements mettent des bruns, des noirs, et quelques lignes de rouge au-dessous du terrain mauve. » (*Le Petit Phare*, 31 mars 1905).

TABLE DES MATIÈRES

www.ingramcontent.com/pod-product-compliance
Ingram Content Group UK Ltd
Pitfield, Milton Keynes, MK11 3LW, UK
UKHW022018170726
13837UKWH00001B/267

9 782019 956158